VIENT DE LA VIE

Un défi à la théorie de l'évolution

Śrī Śrīmad A. C. Bhaktivedanta Swami Prabhupāda
Acharya-fondateur de l'International Society for Krishna Consciousness

THE BHAKTIVEDANTA BOOK TRUST

Les personnes intéressées par la matière du présent ouvrage sont invitées à s'adresser à l'un de nos centres :

FRANCE

230 Avenue de la Division Leclerc, 95200 Sarcelles
Tél : +33 (0)1 34 45 89 12 • www.krishnaparis.com

BELGIQUE

Petite Somme 5, 6940 Septon (Durbuy)
Tél : +32 (0)86 32 29 26 • info@radhadesh.com
www.radhadesh.com

CANADA

1626 boul. Pie IX, Montréal, Québec H1V 2C5
Tél : +1-514-521-1301 • iskconmontreal@gmail.com
www.iskconmontreal.ca

ROYAUME-UNI

Tél : +44 (0)1923 851000 • readerservices@pamho.net

ou à écrire à : directory.krishna.com

FSC www.fsc.org
MIXTE
Papier issu de sources responsables
FSC® C083411

www.krishna.com • www.bbtmedia.com • www.bbt.se

ISBN 978-91-7149-608-9

Life Comes From Life (French)
Imprimé en 2015

Vous pouvez vous procurer ce livre
en format numérique, gratuitement, à
www.bbtmedia.com/fr
Code: **EB16FR73243P**

Avant-propos

. . . . . .

Dans *La Vie vient de la vie,* Śrī Śrīmad A.C. Bhaktivedanta Swami Prabhupāda, éminent écrivain, philosophe et érudit, dénonce de manière impromptue et cependant brillante, certaines des idées maîtresses, des théories et des présuppositions de la science moderne et des scientifiques. L'analyse perspicace de Śrīla Prabhupāda dévoile les hypothèses sans fondement qui se cachent derrière nombre de doctrines sur l'origine et le but de l'existence.

Ce livre est une compilation écrite d'enregistrements de conversations matinales entre Śrīla Prabhupāda et certains de ses disciples en Californie, en 1974. Au cours de ces entretiens, lorsque Śrīla Prabhupāda parlait de la science, il s'adressait surtout à son disciple Thoudam D. Singh, docteur en chimie organique, directeur de l'Institut Bhaktivedanta, un centre international d'étude et de recherche scientifique, philosophique et théologique.

Lors de ces discussions animées, il démontra que l'analyse philosophique n'est pas obligatoirement quelque chose d'ennuyeux et de rebutant, mais peut être une percée dynamique et passionnante dans tous les différents aspects de la vie.

Rien n'échappait à son intelligence pénétrante, à sa perspicacité spirituelle profonde et à sa vivacité d'esprit hors du commun. Rejetant les modes de pensée superficiels et dogmatiques, il édifia, provoqua, persuada, charma et éclaira ses élèves et les guida consciencieusement afin d'accroître leur sagacité et leur compréhension.

Śrīla Prabhupāda (1896–1977) est un auteur de renommée internationale, un érudit et un guide spirituel qui est largement reconnu comme le plus grand ambassadeur culturel qu'ait donné l'Inde au monde. Dans *La Vie vient de la vie,* Śrīla Prabhupāda prend certains grands thèmes scientifiques et les observe du point de vue des très anciennes sources de savoir de l'Inde antique, les Écritures védiques, dont les plus connues sont la *Bhagavad-gītā,* le *Śrīmad-Bhāgavatam,* les *Purāṇas,* les *Upaniṣads,* les *Vedas* et le *Vedānta,* qui furent rédigées il y a près de 5000 ans. Avec une grande rigueur philosophique, un bon sens profond et une franchise désarmante, il dénonce non seulement les points faibles méthodologiques de la science moderne ainsi que ses opinions préconçues non prouvées, mais également les spéculations non vérifiées (et non vérifiables) que les savants présentent au public crédule comme des faits reconnus. Śrīla Prabhupāda rompt ainsi le charme des mythes matérialistes et nihilistes qui, sous le déguisement de la science, ont ensorcelé la civilisation moderne et causé d'incalculables souffrances à l'humanité en la privant de tout principe moral et spirituel.

– Les éditeurs

Introduction

. . . .

Science : Vérité et fiction

Il fut un temps où la plupart d'entre nous croyaient que la nourriture que nous mangions était essentiellement saine, nutritive et dépourvue de dangereux produits chimiques, que l'on pouvait faire confiance à la publicité et que les labels apposés sur les produits d'alimentation étaient une garantie indiscutable de leur contenu et de leur qualité. Il fut un temps où le monde entier croyait à l'intégrité des chefs d'État, des politiciens et des élus locaux, où nous pensions que nos enfants recevaient une éducation solide à l'école publique. Il fut un temps où beaucoup d'entre nous croyaient que l'énergie atomique servait à des fins pacifiques, inoffensives et salutaires, pour une société saine et heureuse.

Mais voilà que depuis peu nos illusions ont été dissipées. Les révélations répétées de fraude à grande échelle envers le consommateur, de l'existence d'énormes quantités de déchets toxiques et de scandales dans le monde politique ont sapé notre crédulité d'antan. Nous savons désormais que les publicistes et les médias peuvent utiliser avec une habileté sans précédent l'imagination et la supercherie pour voiler la vérité à tel point qu'il devient impossible de faire la distinction entre la substance et le substitut, la réalité et l'illusion.

De semblables mystifications s'introduisent également dans le domaine de la science, que l'on a considéré pendant si longtemps comme le sanctuaire même de la vérité et de l'honnêteté. Beaucoup de savants propagent de nos jours l'idée que la vie vient de la matière, et que l'être humain n'est qu'un composé de molécules inconscientes.

Ils sont toutefois incapables d'en fournir la preuve expérimentale ou théorique. En fait, leur certitude est essentiellement basée sur leur foi en leurs conjectures, malgré certains rapports, scientifiques aussi, qui les contrecarrent.

Bien qu'assaillis de doutes et de divisions internes, les savants modernes ont néanmoins réussi à présenter au public non scientifique un front uni. Cette attitude ressemble étrangement à celle des pires imposteurs du monde politique et commercial.

Par exemple, en dépit de l'indignation manifestée par les populations en découvrant que les savants cachaient leurs difficultés à maintenir les mesures de sécurité dans les bases nucléaires, les puissances scientifiques et politiques poursuivent leurs expériences nucléaires tout en reconnaissant maintenant ouvertement qu'il n'existe aucun moyen sûr de traiter les déchets radioactifs.

Dans les ouvrages de vulgarisation comme dans les manuels scolaires, les savants présentent leur explication de l'origine matérielle de la vie comme la seule conclusion scientifique possible. Ils proclament qu'aucune autre théorie ne peut être acceptée scientifiquement. C'est ainsi que, dès le plus jeune âge, tout le monde se voit enseigner que la vie est venue graduellement d'éléments chimiques, d'une « soupe primordiale » composée d'amino-acides, de protéines et autres ingrédients essentiels. Pourtant, dans leurs journaux et au cours de leurs discussions privées, ces mêmes savants reconnaissent que leur théorie comporte des lacunes graves, parfois insurmontables. Par exemple, certains aspects des mécanismes de programmation de l'ADN jettent un doute sérieux sur la théorie de l'évolution. Le célèbre biologiste W.H. Thorpe écrit : « Nous allons donc sans doute devoir faire face à la possibilité que l'origine de la vie, de même que l'origine de l'univers, devienne une barrière infranchissable pour la science, une masse rocheuse qui résiste à toutes les tentatives de réduire la biologie à de la physique ou à de la chimie. » Jacques Monod, pourtant défenseur convaincu de la théorie de l'évolution, a dû reconnaître ces mêmes difficultés.

Le prix Nobel de Physique Eugène Wigner a montré que la probabilité de l'existence d'une unité se reproduisant d'elle-même est nulle. Puisque l'aptitude à se reproduire est une des caractéristiques fondamentales de tout organisme vivant, Wigner conclut que notre compréhension actuelle de la physique et de la chimie ne nous permet pas d'expliquer le phénomène de la vie. Herbert Yockey a démontré par la théorie de l'information que même une molécule simple telle que le cytochrome C (que dire d'organismes complexes) n'aurait pas pu surgir par hasard pendant toute la durée de vie supposée de la terre : « Il faut donc conclure que, contrairement aux notions établies actuelles, le scénario qui décrirait l'origine de la vie sur terre sous l'effet du hasard et de causes naturelles, sur la base de faits et non de convictions, n'a pas encore été écrit. »

Ainsi pouvons-nous voir que beaucoup de savants ont, d'un côté, la conviction profonde que la vie vient de la matière, mais que d'un autre côté, ils admettent n'avoir pas de preuve pour confirmer leur théorie et que celle-ci se heurte à un grand nombre de problèmes insurmontables. Ils sont convaincus que la vie est venue de la matière et qu'elle est réductible en matière, mais ils confessent simultanément avoir des données scientifiques insuffisantes pour appuyer leurs dires. Leur théorie est donc de l'a priori : elle évince la méthode scientifique et la science elle-même. Ils ont l'espoir fervent, presque messianique, qu'un jour, d'une façon ou d'une autre, quelqu'un sera en mesure de la valider et, en attendant ce jour leur foi reste inébranlable.

D'étonnants progrès technologiques ont donné aux savants modernes une aura d'infaillibilité. Aussi, lorsqu'ils présentent des théories sur l'origine de la vie qui n'ont pas encore été prouvées et qui ne sont pas prouvables, la masse des gens a tendance à les croire aveuglément. Dans son livre *Passages About Earth,* William Irwin Thompson écrit : « De même que dans le passé nul ne pouvait braver le pouvoir de l'Église sans risquer la damnation, de nos jours, nul ne peut braver le pouvoir de la science sans être taxé d'irrationalité ou de démence. » Comme le dit très justement le botaniste Garett Hardin, quiconque remet en question le statut de Darwin « attire inévitablement sur lui l'œil inquisiteur du psychiatre ».

Pourtant dans le passé comme dans le présent, nombre de savants ont osé et osent encore affronter l'opinion majoritaire. Devant la croyance établie dans la théorie du « big bang » selon laquelle les planètes, les galaxies et toute vie consciente émergèrent d'une grande explosion à l'aube des temps, le Docteur en Biologie Edwin Godwin compare les chances qu'aurait une planète comme la nôtre de résulter d'un « big bang » à celles qu'auraient la rédaction et l'impression d'un dictionnaire de résulter de l'explosion d'une imprimerie. Dans l'ambiance athée du monde scientifique, Einstein notait : « Quiconque est sérieusement engagé dans la recherche scientifique devient convaincu qu'une intelligence est manifestement présente dans les lois de la nature, un esprit infiniment supérieur à celui de l'homme, devant lequel nous devons, nous, avec nos modestes pouvoirs, reconnaître humblement notre petitesse. »

Certains savants veulent enlever toute crédibilité aux anciens textes de l'Inde en les taxant de légendes écrites par des peuples primitifs. Mais comment des primitifs auraient-ils pu écrire dans un langage si complexe dans sa grammaire, sa composition et ses règles poétiques ; qu'il faut douze années à un linguiste pour assimiler parfaitement ? Quels primitifs auraient pu formuler les divisions du temps allant du dix-millième d'une seconde à la durée de l'univers ? Comment des peuplades ignorantes auraient-elles pu décrire, voici des milliers d'années, des planètes que les savants modernes n'ont découvertes que récemment et donner des exposés détaillés de l'atome et de l'énergie atomique ? Les Écritures védiques peuvent-elles être considérées comme le fruit d'une civilisation primitive quand elles donnent des informations précises et élaborées sur des sujets aussi complexes que la médecine, l'astronomie, la psychologie, l'architecture, la politique, les armes nucléaires et l'aviation ? Leur valeur a été reconnue par nombre de savants, philosophes et écrivains qui les ont consultées dans le passé, comme Einstein, Schopenhauer,

Kant, Hegel, Emerson, Schweitzer, Victor Hugo, Gérard de Nerval, Gandhi et Malraux, et par ceux qui aujourd'hui encore y cherchent des réponses aux grandes questions de l'univers.

Premier entretien

. . . . . .

Los Angeles, avril 1973

La vie sur d'autres planètes

. . . . . .

Śrīla Prabhupāda : La vie existe partout, même sur la Lune et sur le Soleil, que disent là-dessus les hommes de science ?
Dr. Singh : Ils disent qu'il n'y a pas de vie sur la Lune parce qu'ils n'en ont pas trouvé.
Śrīla Prabhupāda : Mais cette preuve n'est pas suffisante. Même si la Lune est couverte de poussière, certains micro-organismes peuvent s'adapter à cette poussière. N'importe quelle atmosphère sans exception peut abriter la vie. C'est la raison pour laquelle les *Vedas*[1*] qualifient les êtres vivants de *sarva-gataḥ :* « qui existent en toutes circonstances ». L'être vivant en lui-même n'est pas matériel, même s'il est emprisonné dans un corps de matière. Et lorsque nous parlons de différentes « atmosphères », c'est de différentes conditions de vie matérielle qu'il s'agit.
Karandhara : Ils disent que l'atmosphère de la Lune est impropre à la vie ; mais en fait, tout ce qu'ils peuvent légitimement dire c'est qu'elle ne convient pas à la vie telle qu'ils la conçoivent.
Śrīla Prabhupāda : Les *Vedas* enseignent que l'étincelle vivante n'a rien de commun avec la matière, et la *Bhagavad-gītā*[2] précise que cette étincelle ne peut être brûlée, coupée, desséchée ou mouillée.

* Pour avoir une définition de ces mots, veuillez vous référer à la section NOTES située à l'appendice.

Dr. Singh : Les savants procèdent par extrapolation : ils pensent que ce qu'ils savent de la vie sur cette planète doit s'appliquer aux autres planètes.

Śrīla Prabhupāda : Exactement. Ils ramènent tout à leur niveau d'entendement limité et voient tout en fonction de leur propre champ d'expérience. C'est ce que l'on appelle « la philosophie du Professeur Grenouille ».

Il y avait une grenouille qui vivait au fond de son puits. Un jour, un ami lui apprend l'existence de l'océan Atlantique. Notre grenouille lui demande alors :

– « L'océan Atlantique, mais qu'est-ce que c'est ? »

– « Une très vaste étendue d'eau, » répondit son ami.

– « C'est grand comment ? Comme deux fois ce puits ? »

– « Oh non, beaucoup plus grand, » lui dit son ami.

– « Mais combien de fois plus grand ? Dix fois ? » Et notre grenouille de continuer à calculer de la sorte. Mais comment pourrait-elle jamais comprendre la grandeur de l'océan en s'y prenant ainsi ? De même, nos facultés, notre champ d'expérience et nos capacités de spéculation sont toujours limités. Aussi les hypothèses des savants sont-elles comparables au processus mental de cette grenouille.

Karandhara : Le fondement de ce qu'ils appellent « l'intégrité scientifique » consiste à ne parler que de ce qu'ils peuvent expérimenter directement.

Śrīla Prabhupāda : Chacun peut ainsi présenter sa propre expérience ; mais pourquoi accepterais-je la vôtre ? À supposer que vous soyez une grenouille et moi une baleine, pourquoi devrais-je accepter que le monde se limite à votre puits ? Vous auriez votre propre façon d'acquérir la science et moi j'aurais la mienne.

Dr. Singh : Les savants n'ont trouvé aucune trace d'eau sur le sol lunaire, et ils en ont conclu qu'aucune forme de vie ne pouvait y subsister.

Karandhara : Ils ont un appareil capable de détecter la présence d'eau et ils l'ont envoyé en orbite autour de la Lune. Or, d'après les données recueillies, il n'y aurait pas d'eau sur la Lune, et par conséquent, pas de vie non plus.

Śrīla Prabhupāda : Même s'il n'y a pas d'eau, comme sur le Soleil par exemple, il peut néanmoins s'y trouver des êtres vivants.

L'atome : un univers

. . . . . .

Śrīla Prabhupāda : La création matérielle toute entière est une combinaison de cinq éléments bruts – la terre, l'eau, le feu, l'air et l'éther – et de trois éléments subtils – le mental, l'intelligence et le faux ego.

Karandhara : Selon la science védique, la première manifestation de l'énergie matérielle est le faux ego, lequel se développe ensuite sous la forme de l'intelligence, puis du mental, et enfin des cinq éléments bruts – l'éther, l'air, le feu, l'eau et la terre. Tout objet matériel contient donc ces mêmes éléments de base. N'est-ce pas ?

Śrīla Prabhupāda : Effectivement. On peut comparer la création de l'univers matériel à la croissance d'un grand arbre banian[3] issu d'une toute petite graine. Impossible de percevoir la présence d'un arbre à l'intérieur de cette graine, et pourtant tous les ingrédients nécessaires à la formation de l'arbre s'y trouvent, y compris l'intelligence. En fait, le corps de tout être n'est rien d'autre qu'un univers en miniature. Votre corps et le mien sont des univers distincts, des microcosmes. Par conséquent, les huit éléments matériels se retrouvent à l'intérieur de chacun de nos corps, tout comme ils figurent dans l'univers entier. Et il en va de même de l'insecte : son corps constitue un univers en soi.

Karandhara : Qu'en est-il de l'atome ?

Śrīla Prabhupāda : Le même principe s'y applique : tous ces éléments constitutifs existent dans l'atome. *Aṇor aṇīyān mahato mahīyān :* en ce monde, toute chose gigantesque ou infime est constituée des mêmes éléments de base. (*Kaṭha Upaniṣad,* 1.2.20) Ce principe est universel. De même qu'une petite montre de femme contient tous les mécanismes nécessaires à son bon fonctionnement, une fourmi possède toute la substance cérébrale dont elle a besoin pour mener à bien son existence. Comment cela est-il possible ? Pour répondre à cette question, il faudrait soigneusement étudier les tissus cérébraux des fourmis, ce qui est impossible. En outre, il existe d'*innombrables* formes de vie encore plus petites que les fourmis, les microbes, dont certains n'ont pas encore été découverts par la science.

Relativité et connaissance

Śrīla Prabhupāda : Tous les êtres vivants sont dotés de l'intelligence requise pour accomplir quatre activités fondamentales, soit manger, dormir, s'accoupler et se défendre ; ces quatre fonctions primordiales existent même chez les êtres microscopiques et atomiques. Toutefois, l'être humain possède une intelligence plus développée qui lui permet de découvrir Dieu. Voilà la seule différence. *Āhāra-nidrā-bhaya-maithunaṁ ca sāmānam etat paśubhir narāṇām :* manger, dormir, se reproduire et se défendre sont des principes universels. Avez-vous observé la croissance des arbres : l'écorce contourne toujours les nœuds pour les éviter, pourtant, l'arbre n'a pas d'yeux et ne peut donc voir. C'est parce qu'il possède, lui aussi, une certaine *intelligence.* Peut-être n'est-elle pas aussi développée que la vôtre, mais il s'agit bel et bien d'intelligence. Un enfant possède également un certain intellect, bien qu'il ne soit pas égal à celui de son père. Mais avec le temps, lorsque l'enfant, lui aussi, aura un corps d'adulte, son intelligence atteindra sa pleine maturité.

Dr. Singh : L'intelligence est donc relative.

Śrīla Prabhupāda : Oui, tout est relatif. Notre corps possède une certaine intelligence et une certaine longévité, et il en est de même pour les fourmis ; la durée de leur existence leur semblera une centaine d'années, mais ce temps est relatif à leur corps. À nos yeux, les fourmis ne vivent que quelques jours. Même Brahmā, l'être qui possède la plus grande longévité en cet univers, ne vit que cent ans, mais des années à son échelle. Selon ce même principe, il existe ailleurs que sur Terre, des formes de vie parfaitement adaptées à l'atmosphère des autres planètes. Pourquoi les hommes de science veulent-ils tout concevoir en fonction des conditions relatives de la planète Terre ? C'est absurde. Si l'entière manifestation cosmique obéit à la loi de la relativité, comment les savants peuvent-ils prétendre que la vie sur d'autres planètes n'est possible que si les conditions y sont identiques à celles de la Terre ? Les *Vedas* enseignent que la connaissance doit toujours être considérée en fonction du *deśa-kāla-pātra,* soit d'après le temps, le lieu et l'objet. Tout phénomène doit donc être étudié en tenant compte de ces trois facteurs. Par exemple, même par ce temps glacial, les poissons sont très à l'aise dans l'eau, tandis que nous, nous grelottons au bord de la mer, et cela, parce que notre *deśa-kāla-pātra* est différent de celui des poissons. Mais il serait stupide d'en conclure que les mouettes vont, elles aussi, grelotter de froid sur l'eau ; en effet, leur *deśa-kāla-pātra* diffère également du nôtre. Il existe 8 400 000 espèces vivantes au sein de la manifestation cosmique matérielle, et chacune d'elles s'accommode de conditions d'existence différentes. Sans même quitter notre planète, vous ne vivriez pas confortablement en Alaska, bien que cette région fasse également partie du continent américain. Mais, ceux qui vivent en Alaska s'y trouvent parfaitement bien et ne voudraient pas vivre dans un autre climat.

Karandhara : La relativité repose donc sur la situation de chacun.

Śrīla Prabhupāda : Oui, et c'est pourquoi l'on dit que ce qui est nourriture pour les uns est poison pour les autres.

Brahmānanda Svāmī : Pour dire que la vie est impossible sur la Lune, les hommes de science se fondent sur ce seul fait, qu'eux-mêmes ne pourraient y survivre.

Une journée de 8,6 milliards d'années

. . . . . .

Dr. Singh : Voilà donc tout le problème ; chacun ne pense qu'en fonction de ses propres normes, ce qui n'a aucun sens.

Un disciple : Celui qui n'est jamais sorti de chez lui croit naturellement que le monde entier se résume à son village.
Śrīla Prabhupāda : Tout comme la grenouille rapporte tout à son puits, incapable de penser d'une autre manière. Et de même qu'elle conçoit l'océan selon ses propres critères, l'homme veut estimer la grandeur de Dieu de façon relative, par rapport à sa propre grandeur. Certains insectes ne voient jamais la lumière : ils naissent la nuit, se reproduisent et meurent avant l'aube. Aussi ne peuvent-ils même imaginer ce qu'est le jour. Selon un même ordre d'idée, lorsque nous apprenons d'après les *śāstras* (les Écritures révélées) que la vie de Brahmā s'étend sur des millions de nos années, d'emblée nous refusons d'y croire. Mais la *Bhagavad- gītā* (8.17) enseigne : *sahasra-yuga-paryantam ahar yad brahmaṇo viduḥ* – « 4,3 milliards d'années terrestres correspondent à douze heures de Brahmā. » Et pourtant un très célèbre politicien indien qui passait pour un maître dans la science de la *Bhagavad-gītā,* a démenti cette information, prétendant qu'il ne s'agissait là que de spéculations intellectuelles. Ce qui n'empêche qu'il passe pour un grand sage. Voilà bien tout le problème : des sots et des fourbes se font passer pour sages, savants et philosophes, et fourvoient ainsi le monde entier.

Deuxième entretien

. . . .

Los Angeles, avril 1973

L'extinction darwinienne

. . . . . .

Śrīla Prabhupāda : Ce monde matériel résulte d'une combinaison de trois forces – *sattva, rajas* et *tamas* (vertu, passion et ignorance) qui exercent leur influence partout et sur toutes les espèces vivantes, mais en des proportions variées. Par exemple, si certains arbres produisent de beaux fruits alors que d'autres ne donnent que du bois de chauffage, ce n'est dû qu'au jeu des influences matérielles. Celles-ci se retrouvent également dans le règne animal : par exemple, la vache reçoit l'influence de la *vertu,* le lion celle de la *passion* et le singe celle de l'*ignorance.* Et selon Darwin, son aïeul serait un singe... Sa théorie est extravagante.

Dr. Singh : Darwin disait que certaines espèces disparaissent dans le rude combat pour l'existence. Certaines espèces survivent, mais d'autres s'éteignent peu à peu. Pour lui, survie et extinction évoluent parallèlement.

Śrīla Prabhupāda : Spirituellement il n'y a pas d'extinction, et matériellement, le singe, l'ancêtre direct de Darwin, n'a pas disparu. Il existe toujours bel et bien.

Karandhara : Selon Darwin, il y aurait une sélection naturelle. Mais qui dit sélection dit choix. Alors qui fait ce choix ?

Śrīla Prabhupāda : Une personne, nécessairement. Qui donc permet que l'un survive et que l'autre soit tué ? Un tel choix implique l'existence de quelque autorité douée de raison ; voilà notre premier théorème. La *Bhagavad-*

gītā (9.10) révèle l'identité de cette autorité lorsque Kṛṣṇa affirme : *mayā-dhyakṣeṇa prakṛtiḥ* – « La nature agit sous Ma seule direction. »

Dr. Singh : Darwin prétend également que les différentes espèces ne furent pas créées simultanément, mais qu'elles apparurent graduellement, selon le processus de l'évolution.

Śrīla Prabhupāda : Alors comment d'après lui ce processus d'évolution a-t-il commencé ?

Karandhara : Les partisans modernes du darwinisme disent que le premier organisme vivant fut créé chimiquement.

Śrīla Prabhupāda : À cela, je répondrais : « Mais si ce sont des corps chimiques qui ont engendré la vie, et si la science est à ce point avancée, alors pourquoi ne créez-vous pas vous-mêmes la vie dans vos laboratoires ? »

Dans le futur

. . . . . .

Karandhara : Ils disent que, dans le futur, ils pourront créer la vie.

Śrīla Prabhupāda : Dans le futur ! C'est ce qu'on dit toujours lorsqu'on soulève ce point crucial. Dans le futur… Ce n'est pas une réponse. Vous connaissez bien le proverbe : « Un tiens vaut mieux que deux tu l'auras. » Si la science est tellement avancée, il doit être possible de prouver dès maintenant que la vie peut être créée à partir de corps chimiques. Mais ce ne sont que de vaines promesses.

Karandhara : Ils affirment pourtant être sur le point de créer la vie.

Śrīla Prabhupāda : Ce n'est qu'une autre manière de dire la même chose, « dans le futur ». Les scientifiques se doivent d'admettre qu'ils ne connaissent pas encore les origines de la vie. Prétendre que l'on va bientôt prouver l'origine chimique de la vie, c'est comme faire un chèque postdaté. Supposez que je vous signe un chèque postdaté de dix millions, alors qu'en réalité je n'ai rien sur mon compte. Quelle sera la valeur d'un tel chèque ? Selon le même ordre d'idée, les savants proclament détenir la vérité grâce à la science, mais lorsqu'on leur demande des preuves concrètes, ils les remettent toujours à plus tard. Reprenons l'exemple du chèque. Si vous êtes intelligent, vous me demanderez certainement de vous donner des preuves de ma prétendue fortune avant de me croire sur parole. De même, quelles preuves donnent les scientifiques ? Ils sont incapables de produire ne serait-ce qu'un seul brin d'herbe dans leurs laboratoires, mais ils prétendent néanmoins que la vie provient de corps chimiques. À quoi cela rime-t-il ? Est-ce qu'il n'y a donc personne pour remettre en question ce qu'ils avancent ?

Karandhara : Ils disent que l'apparition de la vie est régie par des lois chimiques.

Śrīla Prabhupāda : Mais dès qu'intervient la notion de lois, il faut admettre que quelqu'un a conçu ces lois.

Dr. Singh : En dernière analyse, ils disent que tout a commencé par la matière, et que de la matière inerte serait venue la matière vivante.

Śrīla Prabhupāda : Mais d'après ce que nous constatons tous les jours, qu'est-ce qui engendre la matière vivante ? Est-ce de la poussière, que naissent aujourd'hui les fourmis ? Est-ce que, selon leur raisonnement, la vie aurait jadis tiré son origine de la matière et qu'il n'en serait plus de même aujourd'hui ?

Le chaînon manquant

. . . .

Dr. Singh : Pourtant, il existe plusieurs théories expliquant comment la vie procède originellement de la matière, comment la matière vivante est née de la matière inerte.

Śrīla Prabhupāda : Alors pourquoi la vie n'est-elle plus engendrée par la matière ?

Ces hommes de science sont des imposteurs car ils avancent des théories puériles selon quoi la vie viendrait de la matière, alors qu'ils demeurent tout à fait incapables de le prouver. Notre Mouvement pour la Conscience de Kṛṣṇa se doit de démasquer leur mauvaise foi. Ils se vantent, mais c'est tout. Pourquoi ne créent-ils pas la vie aujourd'hui même ? Ils prétendent pouvoir eux-mêmes créer la vie un jour, mais ils se contredisent dans leur propre théorie. Ils affirment d'abord que la vie fut originellement engendrée par la matière, et voici maintenant que ce phénomène devrait se produire dans le futur ! Cela n'a aucun sens.

Karandhara : D'après eux, la vie s'est manifestée à partir de la matière et dans le futur, ils parviendront eux-mêmes à créer la vie de cette façon.

Śrīla Prabhupāda : Balivernes ! S'ils ne sont pas capables aujourd'hui de démontrer que la vie procède de la matière, comment peuvent-ils affirmer qu'elle s'est ainsi manifestée dans le passé ?

Dr. Singh : Ils le supposent.

Śrīla Prabhupāda : N'importe qui peut supposer, mais cela n'a rien de scientifique. Les suppositions ne suffisent pas. Nous pouvons facilement *prouver* que la vie procède de la vie : un enfant, par exemple, est engendré par son père. Nous voyons par là que c'est un être vivant qui donne naissance à un autre être vivant, et nous avons là une preuve tangible. Et de même nous pouvons démontrer que la vie trouve son origine première en Kṛṣṇa. Mais quelle preuve ont les hommes de science que la vie procède de la matière ? A-t-on déjà vu un enfant naître d'une pierre ? Ils sont en fait incapables de justifier leur théorie, et c'est pourquoi ils en remettent toujours la démonstration à plus tard.
Karandhara : Les savants nous disent qu'ils peuvent dès maintenant synthétiser des acides, les amino-acides, qui s'apparentent à des organismes vivants unicellulaires. Ils prétendent que ces acides sont tellement proches des êtres vivants qu'il ne leur reste plus qu'un chaînon manquant à découvrir pour qu'ils puissent créer la vie.
Śrīla Prabhupāda : Un chaînon manquant... Je les défie bien de trouver un jour ce chaînon manquant dans leurs éprouvettes ! Ce chaînon manquant c'est l'âme !

Prix Nobel décerné sans discernement

. . . . . .

Dr. Singh : Les savants s'octroient le crédit de faire des bébés-éprouvettes. Ils reproduisent en laboratoire le processus de la fécondation en unissant des cellules mâle et femelle, et considèrent cela un immense pas en avant vers la création de la vie.

Śrīla Prabhupāda : Mais s'ils prennent au départ des cellules vivantes, à quoi sert une telle expérience ? Ils créent simplement un milieu artificiel qui permet aux cellules déjà vivantes de s'unir et à l'embryon de se développer comme dans la matrice d'une mère. Quel est donc le mérite des savants si tout s'accomplit déjà dans le laboratoire de la nature ?

Karandhara : La nature a déjà tout arrangé, mais lorsque des savants parviennent à l'imiter, on leur décerne le prix Nobel.

Śrīla Prabhupāda : C'est exactement ce que dit le *Śrīmad-Bhāgavatam*[4] *: śva-viḍ-varāhoṣṭra-kharaiḥ saṁstutaḥ puruṣaḥ paśuḥ* – ceux qui honorent des hommes qui se situent au rang de l'animal ne valent eux-mêmes guère mieux que des chiens, des porcs, des chameaux et des ânes. *Śva* signifie « chien », *viḍvarāha* « porc », *uṣṭra* « chameau » et *khara* « âne ». Si les membres du jury décernent le prix Nobel à un savant crapuleux nous ne saurions les considérer comme des êtres humains.

Dr. Singh : Pour certains savants, toutefois, le prix Nobel représente le couronnement de leur vie.

Śrīla Prabhupāda : Une vie qui aura amené bien des maux, car avec leurs théories insensées, ils égarent les masses.

Brahmānanda Svāmī : Nobel est le nom de celui qui a inventé la dynamite.

Śrīla Prabhupāda : Non seulement son invention a été une malédiction, mais son legs amène encore davantage de malédictions.

Brahmānanda Svāmī : La *Bhagavad-gītā* dit bien que les

activités des êtres démoniaques visent à la destruction du monde.
Śrīla Prabhupāda : Exactement. *Ugra-karmāṇaḥ kṣayāya jagato 'hitaḥ* (*Bhagavad-gītā,* 16.9). Ils accomplissent continuellement des actes qui sèment l'infortune et la destruction dans le monde.

Ce qui distingue le vivant du non-vivant

. . . .

[Śrīla Prabhupāda pointe sa canne vers un arbre mort]

Śrīla Prabhupāda : Comment les hommes de science expliquent-ils que cet arbre ne produise plus de rameaux et de feuilles comme autrefois ?
Karandhara : Ils diraient que la composition chimique de l'arbre a changé.
Śrīla Prabhupāda : Pour prouver leurs théories, il faudrait qu'ils donnent à cet arbre les éléments nécessaires pour que ses branches et ses feuilles poussent à nouveau. Normalement, la méthode scientifique procède d'abord par l'observation, puis par l'hypothèse, et enfin par la démonstration.

Mais les savants, qui sont en fait incapables de démontrer dans leurs laboratoires que la vie procède de la matière, se bornent à faire des observations puis à tirer plus ou moins hâtivement des conclusions chimériques. Ils sont comme de jeunes enfants. La première fois, que tout enfant, j'ai entendu jouer un gramophone j'ai cru qu'il y avait un homme qui chantait à l'intérieur de la boîte, une espèce de fantôme ou d'automate…

Dr. Singh : L'une des questions classiques qui est soulevée lorsque nous abordons l'étude de la biologie c'est de savoir comment distinguer ce qui est vivant de ce qui ne l'est pas.

Selon les ouvrages scientifiques, la distinction entre les deux repose essentiellement sur le fait qu'un être vivant peut se mouvoir et se reproduire, alors que la matière inerte ne peut ni l'un ni l'autre. Mais ces ouvrages ne font jamais mention de la nature de l'âme ou de la conscience de l'être vivant.

Śrīla Prabhupāda : Pourtant, la conscience constitue le symptôme primordial de la vie. C'est grâce à elle seule que l'être vivant peut se mouvoir et se reproduire. C'est parce qu'il est doué de conscience, que l'être pense à engendrer une progéniture.

Les *Vedas* décrivent la conscience originelle : *tad aikṣata bahu syām* – Dieu, l'Être conscient originel, décida de Se faire multiple. (*Chāndogya Upaniṣad,* 6.2.3) Sans conscience, il ne saurait être question de se multiplier.

La force vivante individuelle

. . . . . .

Śrīla Prabhupāda : Pourquoi les jardiniers n'arrosent-ils pas cet arbre mort pour qu'il retrouve sa verdure ?

Dr. Singh : Par expérience, ils savent qu'elle ne reviendra pas.

Śrīla Prabhupāda : Alors, que lui manque-t-il donc ? Les hommes de science disent que la vie résulte d'éléments chimiques, mais tous les composants chimiques qui se trouvaient dans l'arbre vivant s'y trouvent toujours, et ils contribuent d'ailleurs à faire vivre d'innombrables êtres vivants tels que des microbes et des insectes. Indéniablement, il existe encore de la vie en cet arbre.

Dr. Singh : Mais il lui manque sa propre énergie vitale.

Śrīla Prabhupāda : Voilà toute la différence. La force vitale est une entité distincte, individuelle, et l'être distinct qui animait cet arbre l'a maintenant quitté. La preuve en est que l'arbre reste mort bien que tous les éléments nécessaires à la vie y soient encore présents.

Prenons un autre exemple : supposons que je quitte l'appartement dans lequel je vis. Même si je n'y habite plus, d'autres êtres continuent de l'occuper – des fourmis, des araignées, etc. Il serait donc faux de conclure que parce que j'ai quitté cet appartement, il ne peut plus abriter de vie. C'est ma propre vie à moi, en tant qu'être distinct, qui l'a quitté. Les composants chimiques de l'arbre sont comparables à l'appartement : ils ne constituent qu'un environnement à travers lequel agit la force vitale individuelle, l'âme. Les microbes, eux aussi, sont des êtres distincts ; chacun d'entre eux possède une conscience individuelle qui leur permet de se déplacer, d'éviter les obstacles… Il s'agit donc bien d'êtres *personnels.*

Karandhara : Mais il n'y a plus la personne dans un corps mort.

Śrīla Prabhupāda : Cela indique que l'âme distincte a quitté ce corps ; et parce que l'âme en est partie, l'arbre ne pousse plus.

Dr. Singh : Autrement dit, Śrīla Prabhupāda, il y a d'innombrables êtres minuscules qui vivent à l'intérieur du corps, en même temps que l'être distinct à qui appartient ce corps. Est-ce exact ?

Śrīla Prabhupāda : Oui, mon corps abrite des millions d'êtres vivants. Parfois même, des gens ont dans les intestins des vers qui mangent toute la nourriture avalée, si bien qu'ils ont toujours grand appétit mais ne profitent jamais. Ainsi, il existe dans mon corps des millions d'êtres comme les bactéries et les microbes – tous individuels comme je le suis – mais je reste le propriétaire de ce corps, tout comme je pourrais être le propriétaire d'un jardin qui abriterait d'innombrables êtres vivants.

Un disciple : Donc, lorsque je mange du *kṛṣṇa-prasāda* (nourriture consacrée, offerte à Śrī Kṛṣṇa), les êtres vivants qui se trouvent dans mon corps en bénéficient également ?

Śrīla Prabhupāda : Bien sûr, et tu fais ainsi preuve de charité. Tu prends du *kṛṣṇa-prasāda* pour le bien d'autrui.

Karandhara : C'est une œuvre de bienfaisance !

Parler peu mais bien

Śrīla Prabhupāda : L'âme distincte n'est jamais anéantie. Elle ne connaît ni naissance, ni mort. Elle passe simplement d'un corps à un autre, tout comme on change de vêtement. Telle est la véritable science.

Dr. Singh : Mais pourquoi les scientifiques ne le reconnaissent-ils pas ?

Śrīla Prabhupāda : Parce que ce ne sont pas des gentlemen, mais des hommes de mauvaise foi. Un gentleman sait reconnaître modestement une erreur alors que les savants n'ont aucune honte : ils sont incapables de répondre correctement à notre défi mais affirment néanmoins qu'ils vont créer la vie. À mes yeux, ils n'ont pas de savoir-vivre. Un gentleman aurait honte de dire de telles insanités. Kṛṣṇa nous permet de comprendre très facilement la présence de la vie à l'intérieur du corps lorsqu'Il enseigne dans la *Bhagavad-gītā* (2.13) :

dehino 'smin yathā dehe
kaumāraṁ yauvanaṁ jarā
tathā dehāntara-prāptir
dhīras tatra na muhyati

« À l'instant de la mort, l'âme prend un nouveau corps, aussi naturellement qu'elle est passée, dans le précédent, de l'enfance, à la jeunesse, puis à la vieillesse. Ce changement ne trouble pas qui a réalisé son identité spirituelle. »

En quelques mots, Kṛṣṇa a résolu tout le problème de la biologie. Voilà la véritable connaissance : parler peu, mais bien. Quelle valeur peut-on accorder à une pléthore d'ouvrages remplis d'inepties ? Les paroles des hommes de science matérialistes sont comme le coassement des grenouilles qui attirent le serpent qui viendra les avaler. Lorsque vient la mort, tout est terminé. Les hommes de science matérialistes coassent à qui mieux mieux, mais un jour la mort anéantit leur science et ils se retrouvent réincarnés dans un corps de chien ou de chat…

Troisième entretien

. . . .

Los Angeles, avril 1973

Les savants volent la nature

. . . .

Śrīla Prabhupāda : [Une rose à la main]. Les savants peuvent-ils créer une rose comme celle-ci en laboratoire ?

Dr. Singh : Non, ce n'est pas possible.

Śrīla Prabhupāda : Voyez comme l'énergie de Kṛṣṇa accomplit des merveilles ! Nul savant n'est capable de créer une fleur comme celle-ci. Ils ne sauraient même pas produire quelques grains de sable, et ils prétendent néanmoins être les hommes les plus évolués et les plus intelligents de tout l'univers.

Dr. Singh : Ils manipulent les éléments matériels qui ont été créés par Dieu et prétendent ensuite qu'ils ont créé quelque chose de merveilleux.

Śrīla Prabhupāda : Ce serait déjà bien s'ils admettaient au moins que Kṛṣṇa est le créateur et le maître des éléments matériels qu'ils utilisent. Dieu est la source originelle de toute chose.

Dr. Singh : Mais ils n'admettront pas qu'ils reçoivent quoi que ce soit de Dieu. Au contraire, ils disent que ce sont *eux* les créateurs.

Śrīla Prabhupāda : Mais en quoi sont-ils les créateurs de quoi que ce soit ? Pour fabriquer du verre, par exemple, ils utilisent du sable qu'ils mélangent avec certains corps chimiques. Mais ils n'ont créé ni le sable ni ces corps chimiques : ils les ont pris de la terre. Comment peuvent-ils parler de création ?

Dr. Singh : Ils disent qu'ils empruntent les matériaux à la nature.
Śrīla Prabhupāda : Cela revient à dire qu'ils les prennent à quelqu'un. Ce sont des voleurs alors, puisque tout, dans la nature, appartient à Kṛṣṇa. *Īśāvāsyam idaṁ sarvam* – « Tout est création de Dieu. » (*Śrī Īśopaniṣad,* 1) Kṛṣṇa enseigne dans la *Bhagavad-gītā* que celui qui n'offre rien en sacrifice à Dieu est un voleur. À travers ces oblations, ou *yajñas,* l'homme reconnaît que tout ce qu'il utilise provient de Kṛṣṇa. Ainsi devons-nous être conscients que c'est Dieu qui pourvoit à tous nos besoins ; *voilà tout* ce que Kṛṣṇa nous demande. De toute façon que pouvons-nous Lui offrir ? Que sommes-nous en Sa présence ? Aussi devons-nous reconnaître la bienveillance de Kṛṣṇa, et c'est pourquoi, avant de manger, nous Lui offrons notre nourriture en disant : « Kṛṣṇa, c'est Toi qui nous as donné ce merveilleux repas, c'est donc Toi qui dois y goûter en premier. » Alors seulement pouvons-nous à notre tour honorer cette nourriture.

L'origine de la nature

. . . .

Dr. Singh : Il existe un journal scientifique, « *Nature* », dont tous les articles sont consacrés aux diverses formes de vie comme les plantes, les fleurs, les animaux, etc. Mais jamais il n'y est fait mention de Dieu.
Śrīla Prabhupāda : C'est très bien d'observer les merveilles de la nature, mais la véritable intelligence est celle qui nous fera demander qui a conçu la nature.

Dr. Singh : En général, les savants ne se posent pas cette question.
Śrīla Prabhupāda : C'est là leur manque d'intelligence. Lorsqu'on parle de nature, il est tout à fait normal de se demander à qui elle appartient. Vous avez votre propre nature, j'ai la mienne ; à qui donc appartient la nature matérielle ?

Nature est synonyme d'énergie et dès que nous parlons d'énergie, nous devons supposer que cette énergie a une source. Ainsi parlerons-nous de *votre* énergie ou de *mon* énergie. L'énergie électrique, par exemple, provient d'une centrale, nul ne saurait le nier ; elle ne se manifeste pas d'elle-même. Pareillement, la nature n'agit pas d'elle-même ; c'est Dieu, la Personne Suprême, qui la commande.
Un disciple : Les *Vedas* enseignent, en effet, que l'énergie matérielle agit sous la direction de Kṛṣṇa.
Śrīla Prabhupāda : Oui, toute énergie provient d'une source.

Le mirage du monde matériel

. . . .

Karandhara : Les géologues pensent découvrir les origines de la Terre en étudiant les diverses strates de l'écorce terrestre.
Śrīla Prabhupāda : Mais ces strates subissent un processus continuel de création et de destruction. Comme toute chose matérielle, elles sont *jagat,* instables, et leur constitution change sans cesse. Kṛṣṇa enseigne dans la *Bhagavad-gītā* (8.4) : *adhibhūtaṁ kṣaro bhāvaḥ* – « La nature physique

subit une mutation constante. » Ce n'est donc pas en observant une manifestation de l'énergie que l'on peut découvrir la source originelle de toute énergie. Une même strate de l'écorce terrestre passe ainsi du noir au blanc et du blanc au noir, et les géologues ne font qu'étudier les mêmes éléments fluctuants. Voilà ce qu'on entend par *punaḥ punaś carvita carvaṇānām* – « Mâcher le déjà mâché. »[5] Observez la température : il fait froid le matin, chaud à midi, et froid de nouveau le soir. Ainsi la manifestation cosmique tout entière est-elle sujette à différentes sortes de transformations ; de même, notre corps change constamment. Bref, tout se transforme. Le véritable savoir consiste donc à connaître la nature du facteur éternel sur lequel reposent tous ces changements. Mais les scientifiques sont contrariés car cette éternité échappe à leur étude. Ils pensent que tout repose sur le néant, voilà leur conception de l'éternité. Mais ils ne peuvent expliquer d'où provient la variété de l'univers. Selon la doctrine védique, la variété originelle est éternelle, mais les formes variées et instables que les hommes de science étudient au sein de l'univers matériel ne sont que temporaires. Cette diversité des formes matérielles n'est qu'un reflet de la diversité réelle, celle qui existe éternellement dans le monde spirituel.

Dr. Singh : L'univers matériel serait une sorte de mirage ?

Śrīla Prabhupāda : Effectivement. Celui qui croit voir de l'eau dans le désert est souvent victime d'une illusion. Certes, l'eau existe bel et bien, mais ailleurs que dans le mirage. Pareillement, la diversité des plaisirs matériels qui s'offrent à nous s'apparente à un mirage. En tant qu'êtres vivants, nous sommes faits pour le plaisir, mais nous cherchons ce plaisir en un monde irréel, dans une illusion, tout comme, dans le désert, les animaux assoiffés poursuivent une oasis illusoire et finissent par mourir de soif, car ce mirage ne leur donnera jamais l'eau dont ils ont besoin. Pareillement, si nos multiples efforts pour combler notre soif de plaisir nous laissent frustrés à chaque fois, c'est que l'existence matérielle est une illusion. Aussi la véritable intelligence consiste-t-elle à se poser la question suivante : « Où se situe la réalité ? Quel est le facteur éternel qui sert de toile de fond à cette illusion ? » Voilà ce qu'il nous faut découvrir si nous voulons goûter un plaisir réel.

Quatrième entretien

. . . . . .

Los Angeles, avril 1973

Un prétendu progrès

. . . .

Śrīla Prabhupāda : Dans le monde matériel, tous les êtres souffrent, et à travers le soi-disant progrès, les hommes de science ne font qu'accroître cette souffrance. En réalité, ils n'apportent aucune véritable amélioration. Les savants passent leur vie à faire de la recherche et si vous demandez à l'un d'entre eux de vous expliquer pourquoi, il vous dira, « C'est pour la prochaine génération, ça servira dans le futur. » Mais *lui,* que devient-il ? Que pourra-t-il faire pour les générations futures s'il devient un chat, un chien ou un arbre dans sa prochaine vie, et inversement, que pourront-elles faire pour lui ?

Les hommes de science, ainsi que tous les hommes, devraient chercher à échapper au cycle des morts et des renaissances successives. Mais au lieu de cela, ils se laissent tous entraîner dans ce tourbillon. *Bhave 'smin kliśyamānānām avidyā-kāma-karmabhiḥ ;* en ces quelques mots le *Śrīmad-Bhāgavatam* (1.8.35) définit toute l'existence matérielle. Cette seule phrase a plus de valeur que des milliers d'années de recherche : elle explique, en effet, comment l'être distinct vient en ce monde, quelle est son origine et sa destinée, comment il doit conduire ses actes et nombre d'autres vérités primordiales. Les mots *bhave 'smin kliśyamānānām* se rapportent à la lutte pour l'existence. Et pourquoi cette lutte ? À cause de l'*avidyā,* de l'ignorance. Mais qu'entend-on par ignorance ? *Kāma-karma bhiḥ,* le fait d'agir sous la dictée des sens, ou en d'autres mots, de se laisser prendre dans l'engrenage des actes visant le plaisir des sens.

Un disciple : Doit-on comprendre que si la recherche scientifique actuelle engendre une montée du matérialisme, c'est que les hommes de science ne recherchent finalement que le plaisir des sens ?

Śrīla Prabhupāda : Voilà bien de quoi il s'agit.

Langage savant... et crise mondiale

. . . . . .

Śrīla Prabhupāda : Les *Vedas* enseignent : *yasmin vijñāte sarvam evaṁ vijñātaṁ bhavati* – « Le savoir de celui qui connaît la Vérité Absolue embrasse tous les domaines. » Parce que je connais Kṛṣṇa, la Vérité Absolue, je peux défier les savants sans être moi-même un agrégé. *Yasmin sthito na duḥkhena guruṇāpi vicālyate* – « Celui dont la conscience est fixée sur Kṛṣṇa demeure imperturbable, même au cœur des pires difficultés. » (*Bhagavad-gītā,* 6.22) Et le *Śrīmad-Bhāgavatam* (1.5.22) ajoute : *avicyuto 'rthaḥ kavibhir nirūpito yad uttamaśloka-guṇānuvarṇanam* – « Les grands sages ont établi que la conscience de Kṛṣṇa représente la perfection de l'existence. » Voilà la connaissance dont l'homme a besoin. À quoi bon leurs recherches et leurs théories, puisque quinze ans plus tard une nouvelle découverte vient tout remettre en question ? Il ne s'agit pas de connaissance scientifique réelle.

Dr. Singh : Ils font des découvertes par la recherche.

Śrīla Prabhupāda : Mais quel est le coût de cette recherche ? C'est de l'escroquerie. Ils jonglent avec des mots savants comme *électrons, photons, etc.,* au frais de l'homme du commun à qui cela ne rapporte rien et qui, d'ailleurs, n'y comprend rien. Tel savant expliquera un phénomène d'une certaine façon, et quelque temps plus tard, un autre viendra expliquer la même chose, mais sous une autre optique, en employant un langage différent. Pourtant, le phénomène en question, lui, reste le même. Tout ce qu'ils savent faire, c'est écrire des livres à n'en plus finir. Par contre, le problème actuel du pétrole est à incriminer aux hommes de science. Que feront-ils lorsque les réserves de pétrole seront épuisées ?

Cent milliards pour un tas de poussière

. . . . . .

Śrīla Prabhupāda : L'Inde souffre aujourd'hui d'une pénurie d'eau, mais que font les hommes de science pour y remédier ? L'eau ne manque pourtant pas sur cette planète. Pourquoi n'essaient-ils pas d'irriguer les terres qui en ont grandement besoin au lieu d'aller sur la Lune pour voir s'ils peuvent rendre fertile une planète recouverte de poussière ? Pourquoi ne se préoccupent-ils pas de la Terre ? Avec l'eau des océans, ils pourraient irriguer le Sahara, le désert d'Arabie ou celui du Rajasthan. Mais dans leur orgueil, ils disent toujours qu'ils le feront plus tard, que le projet est à l'étude. La *Bhagavad-gītā* enseigne qu'à satisfaire des désirs inutiles, l'homme perd son intelligence *(kāmais tais tair hṛta-jñānāḥ).*

Leur projet lunaire, par exemple ; de l'enfantillage pur et simple pour lequel ils gaspillent l'argent qui fait cruellement défaut ailleurs.

Karandhara : Après avoir dépensé tant d'argent pour aller sur la Lune et ramener quelques pierres, les responsables de cette entreprise ont décidé d'interrompre leur programme parce qu'il n'en valait pas la peine.

Śrīla Prabhupāda : Le gouvernement détrousse les gens avec des impôts et gaspille ainsi stupidement l'argent que les contribuables ont gagné avec peine. C'est indigne.

Dr. Singh : Ils pensent qu'il y a de la vie sur Mars.

Śrīla Prabhupāda : C'est un fait, il y a de la vie sur Mars, mais à quoi cela nous servira-t-il d'y aller ? Il y a aussi de la vie ici, sur Terre, et les gens ne cessent de se battre.

Dr. Singh : Les gens sont curieux de voir ce qu'il se passe sur d'autres planètes.

Śrīla Prabhupāda : Autrement dit, ils sont prêts à dépenser d'énormes sommes d'argent pour satisfaire leur curiosité puérile. Et lorsqu'on leur demande de venir en aide aux pays qui sont dans la misère, ils répondent : « Non, pas d'argent. »

Philosophie sāṅkhya et science moderne

Dr. Singh : Śrīla Prabhupāda, pourriez-vous nous parler un peu de la philosophie *sāṅkhya* ?

Śrīla Prabhupāda : À vrai dire, il existe deux sortes de philosophies *sāṅkhyas :* l'ancienne, qui fut originellement enseignée par Kapiladeva, l'*avatāra,* et une autre, plus récente, qui fut imaginée par un athée portant également le nom de Kapila. Le *sāṅkhya* de Kapiladeva explique comment le *yogī* peut se détacher de la matière et percevoir en son cœur la forme de Viṣṇu. Cette voie du *sāṅkhya* relève en vérité du service de dévotion. Quant à la philosophie moderne du *sāṅkhya,* elle ne consiste qu'à analyser le monde matériel en dénombrant ses différents éléments, et à cet égard, elle s'apparente à la recherche scientifique moderne. Le mot *sāṅkhya* signifie « dénombrer ». Dans un sens, nous sommes également des philosophes *sāṅkhyas* puisque nous dénombrons les éléments matériels, soit la terre, l'eau, le feu, l'air et l'éther ; nous distinguons ensuite le mental, l'intelligence et l'ego. Kṛṣṇa explique qu'il existe un autre élément au-delà de l'ego : la force vitale. Mais cela, les scientifiques l'ignorent ; ils pensent que la vie n'est qu'une combinaison d'éléments matériels. Pourtant, dans la *Bhagavad-gītā* (7.5), Kṛṣṇa contredit cette théorie :

apareyam itas tv anyāṁ
prakṛtiṁ viddhi me parām
jīva bhūtāṁ mahā-bāho
yayedaṁ dhāryate jagat

« Outre cette énergie inférieure (la terre, l'eau, le feu, l'air, l'éther, le mental, l'intelligence et le faux ego), une autre énergie est Mienne, une énergie supérieure, spirituelle ; les êtres vivants, qui luttent contre la nature matérielle et par qui l'univers subsiste, la constituent. »

Dr. Singh : Est-ce que le philosophe *sāṅkhya* moderne étudie aussi bien l'énergie inférieure que l'énergie supérieure ?

Śrīla Prabhupāda : Non, il n'étudie pas l'énergie supérieure. Il se contente d'analyser les éléments matériels, tout comme l'homme de science. Tous deux ignorent l'existence de l'âme spirituelle.

Dr. Singh : Ils analysent donc les éléments matériels créateurs, n'est-ce pas ?

Śrīla Prabhupāda : Les éléments matériels ne créent pas ! Seule l'âme peut créer. La vie ne saurait être un produit de la matière, et la matière ne saurait se créer d'elle-même. Pour obtenir de l'eau, par exemple, il faut qu'un être vivant combine de l'hydrogène et de l'oxygène, car la matière n'a par elle-même aucun pouvoir créateur. Si vous placez une bouteille d'hydrogène près d'une bouteille d'oxygène, vont-elles se mélanger toutes seules, sans intervention de votre part ?

Dr. Singh : Certainement pas. Il faut que quelqu'un le fasse.

Śrīla Prabhupāda : C'est l'évidence même. L'oxygène et l'hydrogène appartiennent à l'énergie inférieure de Kṛṣṇa, et lorsque ces éléments matériels sont combinés par l'énergie supérieure – en l'occurence vous – alors seulement peuvent-ils produire de l'eau.

Cause lointaine et cause immédiate

. . . . . .

Śrīla Prabhupāda : L'énergie inférieure n'a aucun pouvoir sans le concours de l'énergie supérieure. Cet océan, par exemple, est parfaitement calme. [Śrīla Prabhupāda montre l'océan Pacifique.] Mais il suffit de lui appliquer une force supérieure, celle du vent, pour qu'apparaissent de hautes vagues. L'océan n'a pas le pouvoir de bouger sans la puissance de l'air. Pareillement, il existe une autre force, supérieure à l'air, et c'est ainsi que nous remontons jusqu'à Kṛṣṇa, la source originelle de toute puissance. Voilà la recherche véritable.

La nature s'anime sous la direction de Kṛṣṇa tout comme un train fonctionne sous la direction de son conducteur. Le conducteur est aux commandes de la locomotive, laquelle tire une voiture ; cette voiture à son tour en tire une autre, et c'est ainsi que tout le train s'ébranle et se met en marche. Il en va de même pour la création : c'est Kṛṣṇa qui imprime le premier mouvement. Puis, cette force se transmet par phases successives jusqu'à ce que l'entière manifestation cosmique soit manifestée, puis maintenue. Kṛṣṇa l'explique clairement dans la *Bhagavad-gītā* (9.10) : *mayādhyakṣeṇa prakṛtiḥ sūyate sacarācaram* – « La nature matérielle agit sous Ma direction et engendre ainsi tous les êtres, mobiles et immobiles. » Et Il précise encore dans le quatorzième chapitre :

sarva-yoniṣu kaunteya
mūrtayaḥ sambhavanti yāḥ
tāsāṁ brahma mahad yonir
ahaṁ bīja-pradaḥ pitā

« Sache, ô fils de Kuntī, que toutes espèces vivantes procèdent du sein de la nature matérielle, et que J'en suis le père qui donne la semence. » (*Bhagavad-gītā,* 14.4) Par exemple, si vous plantez une graine d'arbre banian, elle viendra à produire un arbre gigantesque, lequel portera lui-même des millions d'autres graines. Et chacune de ces graines pourra à son tour produire un autre arbre banian, avec des millions de graines, et ainsi de suite. Dans le même ordre d'idée,

Kṛṣṇa est le père originel ; c'est Lui qui donne la semence de toute chose. Il est donc la cause première de tout ce que nous connaissons.

Malheureusement, les scientifiques s'avèrent incapables de percevoir la cause lointaine et n'observent que les causes immédiates. Les *Vedas* enseignent que Kṛṣṇa est *sarva-kāraṇa-kāraṇam,* la cause de toutes les causes. Or, si l'on comprend la cause originelle de toutes causes, on comprend alors la nature de toute chose. *Yasmin vijñāte sarvam evaṁ vijñātaṁ bhavati :* « Celui qui a connaissance de la cause originelle, connaît naturellement les causes subséquentes. » Les hommes de science cherchent la cause originelle, mais ils refusent d'accepter la connaissance parfaite des *Vedas*, laquelle révèle que Dieu, la Personne Suprême, est cette cause originelle. Ils préfèrent s'en tenir à leur connaissance partielle et imparfaite. Voilà bien le problème.

La machine cosmique

. . . . . .

Śrīla Prabhupāda : Les hommes de science ignorent qu'il existe deux sortes d'énergies – l'énergie inférieure et l'énergie supérieure – bien qu'ils utilisent précisément ces deux énergies dans tous leurs travaux. L'énergie matérielle ne peut en aucune façon agir par elle-même ; elle doit tout d'abord être mise en contact avec l'énergie spirituelle. Comment peut-on croire que l'entière manifestation cosmique, qui n'est rien d'autre que de la matière, soit apparue d'elle-même ? Une machine ne peut fonctionner à moins qu'un technicien compétent n'en tienne les commandes.

À quoi servirait une voiture des plus perfectionnées, qui n'aurait personne pour la conduire ? L'univers matériel est aussi une machine répondant à une force consciente.

Les hommes de moindre intelligence s'émerveillent devant une machine imposante, constituée d'innombrables pièces, mais une personne intelligente sait bien qu'en dépit de la complexité et du raffinement de ses mécanismes, nul engin ne peut fonctionner à moins qu'un opérateur ne vienne en manipuler les commandes. Quel est donc le plus important d'entre les deux – l'opérateur ou la machine ? Aussi ne sommes-nous guère intéressés par la machine matérielle – la manifestation cosmique – mais par son opérateur, Kṛṣṇa. Et comment savons-nous que c'est justement Dieu qui en dirige les commandes ? Parce qu'Il l'affirme Lui-même : *mayādhyakṣeṇa prakṛtiḥ sūyate sacarācaram* – « L'entière manifestation cosmique agit sous Ma seule direction. » Mais si vous ne reconnaissez pas en Kṛṣṇa l'opérateur sous la volonté duquel évolue l'univers, vous devez alors suggérer un autre opérateur. Mais qui proposerez-vous ? Connaissez-vous quelqu'un d'autre que Dieu ? En l'absence d'autres preuves, vous vous devrez d'accepter *notre* proposition.

Cinquième entretien

. . . . . .

Los Angeles, mai 1973

Le pilote invisible

. . . . . .

Śrīla Prabhupāda : Aujourd'hui, la masse des hommes pense que la vie procède de la matière. Nous ne pouvons permettre que cette théorie absurde se propage sans que personne ne dise rien. La vie ne procède pas de la matière, bien au contraire, c'est la matière qui procède de la vie ; et il ne s'agit pas là d'une théorie mais d'un fait. La science repose sur une fausse théorie ; il s'ensuit que toutes les démonstrations subséquentes ainsi que leurs conclusions sont fausses aussi, et voilà pourquoi la souffrance règne aujourd'hui sur le monde. Lorsque toutes ces théories erronées de la science moderne auront été rectifiées, les hommes trouveront le bonheur. Nous devons donc lancer un défi aux hommes de science et les vaincre, sans quoi ils fourvoieront la société tout entière. La matière évolue en six phases : naissance, croissance, maturité, reproduction, dégradation et mort. Quant à la vie qui anime la matière, soit l'âme spirituelle, elle est éternelle et ne subit aucune de ces transformations. La vie *semble* s'épanouir et se détériorer, mais en réalité, elle demeure immuable tout au long de ces six phases de transformation jusqu'à ce que le corps devienne trop usé. Alors, quand vient la mort, l'âme revêt un nouveau corps. Tout comme nous changeons de vêtements lorsqu'ils sont usés, lorsque le corps devient vieux et inutile, nous revêtons un nouveau corps.

Kṛṣṇa enseigne dans la *Bhagavad-gītā* (2.13) : *dehino*

'smin yathā dehe kaumāraṁ yauvanaṁ jarā / tathā dehāntara-prāptiḥ – « À l'instant de la mort, l'âme prend un nouveau corps, aussi naturellement qu'elle est passée, dans le précédent, de l'enfance à la jeunesse, puis à la vieillesse. » Et Il ajoute ensuite : *antavanta ime dehā nityasyoktāḥ śarīriṇaḥ* (2.18) – seul le corps matériel de l'être éternel et indestructible connaît l'anéantissement. Le corps de matière est donc périssable, tandis que la vie qui l'anime est *nitya,* éternelle.

Toute activité repose sur la présence de ce principe vital. Ces hautes vagues dans l'océan, nous l'avons dit, sont provoquées par une force vitale. Et cet avion (Śrīla Prabhupāda montre un avion dans le ciel), vole-t-il tout seul ?

Dr. Singh : Non, il y a quelqu'un pour le piloter.

Śrīla Prabhupāda : Oui, et il en va ainsi de toute chose. Pourquoi ces crapules de savants nient-ils ce fait ? Les avions ont beau être des appareils imposants, ils volent néanmoins sous la direction d'une minuscule étincelle spirituelle, c'est-à-dire le pilote. Sans elle, cet énorme avion ne pourrait pas voler ; les hommes de science ne sauraient prouver le contraire. Et tout comme cette petite étincelle spirituelle permet à un si grand appareil de voler, une autre étincelle spirituelle, géante celle-là, dirige la manifestation cosmique tout entière.

La politique de l'autruche

. . . . . .

Śrīla Prabhupāda : Dans la *Śvetāśvatara Upaniṣad* on peut lire :

keśāgra-śata-bhāgasya
śatāṁśaḥ sādṛśātmakaḥ
jīvaḥ sūkṣma-svarūpo 'yaṁ
saṅkhyātīto hi cit-kaṇaḥ

Ce verset révèle que l'âme, le possesseur du corps, ne mesure qu'un dix-millième de la pointe d'un cheveu, et c'est néanmoins grâce à elle que le corps vit et fonctionne. Cette particule atomique d'énergie spirituelle se trouve à l'intérieur du corps, tout comme le pilote aux commandes de son avion. Est-ce si difficile à comprendre ? Pourquoi un homme se sent-il plein de vigueur et de force ? Uniquement parce qu'en lui se trouve cette étincelle spirituelle. Mais dès que l'âme quitte le corps, il perd toute sa vigueur et meurt. Puisque les savants disent que la matière est la cause et l'origine de la vie, demandons-leur de faire revivre un mort, un grand savant comme le professeur Einstein par exemple. Qu'ils ressuscitent donc un seul homme en lui injectant les éléments chimiques nécessaires à la vie ! Mais cela, ils ne peuvent le faire ; et bien qu'ils ignorent tant de choses, ils passent néanmoins pour de grands savants.

Dr. Singh : Lorsqu'un problème effraie par sa gravité, on a parfois tendance à le prendre à la légère.

Śrīla Prabhupāda : Oui. Lorsqu'un singe rencontre un tigre, il ferme les yeux, et aussitôt le tigre lui saute dessus. De même, lorsque les savants ne peuvent résoudre un problème, ils le chassent de leur esprit. Et ils adoptent cette attitude face au véritable problème de l'homme, soit la mort. Personne ne veut mourir, mais si les hommes de science prennent ce problème à la légère, c'est uniquement parce qu'ils sont impuissants devant la mort. Nous ne voulons ni vieillir, ni tomber malade, ni mourir, mais comme ils n'ont aucune solution à offrir, ils ont simplement éludé ces problèmes majeurs.

Un chacal pour président

. . . .

Śrīla Prabhupāda : L'histoire du *jaṅgal-kī rājā,* le chacal qui devint roi de la jungle, est une légende bien connue au Bengale. Ces animaux sont réputés pour être très rusés. Un jour, en traversant un village, notre chacal tombe dans un seau de teinture bleue. Il s'enfuit alors dans la forêt, où tous les animaux s'interrogent sur cet extraordinaire animal au pelage bleu. Le lion, lui aussi très surpris, finit par l'approcher : « Nous ne vous avions jamais vu auparavant, Monseigneur. Qui êtes-vous donc ? » Alors, le chacal, profitant de la situation, leur répond : « Je suis un envoyé de Dieu. » À ces mots, tous commencent à le vénérer comme s'il était le Seigneur en personne. Mais voilà qu'une nuit, une bande de chacals se met à hurler non loin de là ; et comme les chacals ne peuvent pas se retenir de répondre à un appel de leurs congénères, le chacal bleu laissa échapper son hurlement caractéristique. Et c'est ainsi qu'il se trahit lui-même, révélant à tous les autres animaux qu'il n'était qu'un chacal. Nombre d'imposteurs sont ainsi démasqués, comme ce fut le cas, par exemple, des scélérats qui ont dû démissionner de votre gouvernement américain.

Brahmānanda Svāmī : Le fameux scandale de l'affaire Watergate !

Śrīla Prabhupāda : Aujourd'hui, il est pratiquement impossible de trouver un honnête homme au sein d'un gouvernement quel qu'il soit, car à moins d'être un escroc, à moins d'accepter de tremper dans des affaires malhonnêtes, nul ne peut se maintenir au pouvoir. Voilà pourquoi les hommes probes ne deviennent jamais dirigeants.

La science et la mort

. . . . . .

Brahmānanda Svāmī : Les savants connaissent-ils la cause du cancer ?
Dr. Singh : Ils ont plusieurs théories à ce sujet.
Śrīla Prabhupāda : Quand bien même ils la connaîtraient, cela ne changerait rien : même si vous arrêtez le cancer, vous ne rendrez pas l'homme immortel. Que ce soit du cancer, d'un accident ou d'autre chose, il doit mourir d'une façon ou d'une autre. Impossible d'éviter cette échéance. Par suite, la recherche scientifique devrait s'attacher à vaincre la mort. Voilà la véritable science, et c'est précisément ce qu'enseigne la Conscience de Kṛṣṇa. Trouver le remède à une maladie ou à une autre n'est pas tout ; la vraie victoire consiste à mettre fin à la maladie *en soi*.

La *Bhagavad-gītā* (8.16) stipule que naissance, maladie, vieillesse et mort sont les maux réels à combattre. *Ābrahma-bhuvanāl lokāḥ punar āvartino 'rjuna* – « Toutes les planètes de l'univers, de la plus évoluée à la plus basse, sont lieux de souffrance, où se succèdent la naissance et la mort. » La Conscience de Kṛṣṇa s'offre donc comme une solution au problème des morts et des renaissances successives et nous invitons tout le monde à se joindre à nous, à emprunter cette voie qui mène à la perfection. Ainsi, lorsque le corps mourra sous l'effet de l'âge, l'homme n'aura plus à revêtir un nouveau corps matériel, sujet à la naissance, à la maladie, à la vieillesse et à la mort. C'est là la véritable science.

Sixième entretien

. . . . . .

Los Angeles, mai 1973

Les pouvoirs surnaturels de la vie

. . . . . .

Śrīla Prabhupāda : Les hommes de science prétendent que la vie résulte d'éléments chimiques. Mais d'où viennent ces éléments ? Voilà la véritable question qu'il faut se poser. Or, nous disons qu'ils sont produits par la vie, ce qui implique que la force vitale possède des pouvoirs surnaturels. Chaque oranger, par exemple, porte de nombreux fruits qui, tous, contiennent divers éléments chimiques – acides, sucre, etc. Comment ces éléments sont-ils produits si ce n'est par la vie qui habite ces arbres ? Voilà pourtant ce que les hommes de science n'arrivent pas à comprendre. Ils basent toutes leurs recherches sur l'étude des éléments chimiques, mais ils ne peuvent définir leur origine. Or, cette origine, c'est Dieu, la source de toute vie. De même que chaque corps doté de vie produit de nombreux éléments chimiques, Dieu, la Vie Suprême, est à l'origine de tous les éléments chimiques présents dans l'air, dans l'eau ou sur la terre, chez les hommes ou chez les animaux. Voilà ce que l'on entend par pouvoir surnaturel. Aussi demeure-t-il impossible de percer le mystère de l'origine de la vie si l'on n'admet pas le pouvoir surnaturel du Seigneur.

Dr. Singh : Les hommes de science nous répondront qu'ils ne croient pas aux pouvoirs surnaturels.

Śrīla Prabhupāda : Ils doivent alors expliquer l'origine des éléments chimiques. Rien qu'un arbre ordinaire en produit des quantités ; faute de pouvoir expliquer ce phénomène, ils doivent reconnaître que la force vitale possède une puissance d'ordre surnaturel. Les corps grandissent. Cette croissance s'opère grâce à une énergie de nature inconcevable, ou *acintya-śakti.* Or, si cette *acintya-śakti* existe chez des êtres ordinaires, combien doit-elle être plus grande en Dieu ! Les pouvoirs de l'être distinct sont de même nature que ceux de Dieu, mais avec la différence que l'être distinct ne peut produire qu'une petite quantité d'éléments chimiques alors que l'Être Suprême, Lui, en élabore des quantités infinies. Par exemple, si je suis capable de produire quelques gouttes d'eau sous forme de sueur, Dieu, Lui, peut créer des océans. Et tout comme il suffit d'analyser une goutte d'eau de mer pour connaître exactement la composition qualitative de l'océan tout entier, en étudiant l'être vivant, lequel est un fragment de Dieu, nous pouvons commencer à saisir la nature de Dieu. Celui-ci, disions-nous, possède des pouvoirs surnaturels prodigieux qui agissent à la perfection. Voyons le phénomène de l'électricité : certaines machines électriques sont si bien conçues qu'il suffit de pousser un bouton pour que tout le travail s'accomplisse automatiquement. Pareillement, il suffit d'un ordre du Seigneur pour que s'amorce l'entière création de l'univers. Vu sous ce jour, les mécanismes régissant la nature matérielle sont faciles à comprendre. Les pouvoirs de Dieu sont à ce point prodigieux que sur Son ordre seul, l'entière création s'opère sur-le-champ.

Brahmānanda Svāmī : Certains hommes de science refusent néanmoins d'admettre l'existence de Dieu ou de l'*acintya-śakti.*

Śrīla Prabhupāda : Et c'est là leur sottise ! Ils nient l'évidence. D'où vient que, parmi tous les êtres, seuls les oiseaux ont le pouvoir de voler, sinon de leur *acintya-śakti* ? Autre exemple : la formation de liquide séminal à partir du sang chez l'homme. Là aussi, de toute évidence, intervient quelque pouvoir surnaturel. Et les êtres vivants en manifestent ainsi tout un éventail : la vache en mangeant de l'herbe, peut donner du lait. Personne ne s'en étonne, mais qui est capable d'en faire autant ? N'est-ce pas là un autre pouvoir surnaturel ? Même phénomène chez la femme : la nourriture qu'elle absorbe lui permet de produire du lait alors que l'homme, lui, n'a pas ce pouvoir ; et pourtant, tous deux appartiennent à la même espèce vivante. Tout ceci n'est que l'expression des pouvoirs surnaturels de l'être vivant.

Dr. Singh : Les hommes de science diront que la vache produit du lait grâce à l'action de certains enzymes ou d'éléments chimiques qu'elle sécrète, et qu'il en va de même, mais de façon différente, pour les différents corps.

Śrīla Prabhupāda : Oui, mais qui a créé ce processus chimique et ces enzymes ? C'est grâce à l'intervention d'un pouvoir surnaturel que tout s'opère. Vous n'êtes pas en mesure de créer ces enzymes ou d'imiter ce processus en laboratoire. Votre corps, sous l'effet d'une puissance surnaturelle, peut transformer la nourriture absorbée en tissus organiques différenciés, mais en laboratoire, sans ce pouvoir surnaturel, vous n'êtes même pas capable, comme une simple vache, de produire du lait avec de l'herbe. Vous devez donc admettre l'existence d'un pouvoir surnaturel.

L'origine des pouvoirs surnaturels

. . . . . .

Śrīla Prabhupāda : Les *yogīs* se préoccupent essentiellement de développer certains pouvoirs surnaturels. *Laghimā* est le pouvoir qui permet d'échapper à la gravitation ; le yogi peut se faire plus légers qu'une boule de coton et ainsi marcher sur l'eau. En fait, ce yoga permet simplement, à celui qui le pratique, de développer l'inconcevable puissance qui se trouve déjà en lui. Par exemple, bien que je ne sache pas nager comme le font ces jeunes (il montre alors un groupe qui s'amuse dans l'eau), je possède virtuellement cette capacité ; il me suffirait de la développer pour qu'elle se manifeste. Par conséquent, vu le caractère déjà prodigieux des pouvoirs yogiques de l'être vivant, nous pouvons aisément comprendre combien plus extraordinaires doivent être ceux de Dieu. Les *Vedas* Le qualifient d'ailleurs de *yogeśvara,* soit « le maître de tous pouvoirs surnaturels ». Kṛṣṇa Lui-même déclare dans la *Bhagavad-gītā* (10.8) : *ahaṁ sarvasya prabhavo mattaḥ sarvaṁ pravartate* – « De tous les mondes, spirituel et matériel, Je suis la source ; de Moi tout émane. » À moins d'accepter cette assertion divine, il s'avère impossible d'expliquer de façon probante l'origine de la nature matérielle. Comprendre Dieu ne peut aller sans admettre l'existence d'une puissance surnaturelle, mais celui qui parvient à un entendement exact, scientifique de Dieu, saisit alors la nature de toute chose.

Dr. Singh : Voulez-vous dire que la science a pris pour point de départ une phase intermédiaire et non l'origine ?

Śrīla Prabhupāda : Exactement. La recherche scientifique repose sur des éléments et des phénomènes seconds, mais les hommes de science ignorent tout de l'origine de ces éléments, et ce, malgré toute l'étendue de leurs recherches. Il faut donc accepter que la source originelle est Dieu, qu'Il possède à l'infini tous les pouvoirs surnaturels, et que de Lui tout émane. Lui-même l'affirme dans la *Bhagavad-gītā* (10.8) : *ahaṁ sarvasya prabhavo mattaḥ sarvaṁ pravartate* – « De tous les mondes, spirituel et matériel, Je suis la source ; de Moi tout émane. » Nos assertions ne reposent pas sur une foi aveugle ; bien au contraire, elles forment l'aboutissement d'une démarche purement scientifique. Nous affirmons donc que la matière tire son origine de la vie, laquelle peut manifester des ressources matérielles à l'infini ; c'est le grand mystère qui s'attache à la création. De là vient que de lourds oiseaux peuvent évoluer dans les airs alors qu'une simple aiguille tombera inexorablement par terre. Dans le même ordre d'idée, si vous étudiez la nature, vous découvrirez que tous les êtres vivants sont dotés de quelque pouvoir surnaturel. Les poissons, par exemple, vivent constamment dans l'eau, alors que l'homme ne peut y demeurer plus de quelques secondes. N'est-ce pas là un autre pouvoir surnaturel, même si une explication physiologique peut lui être donnée ?

Dr. Singh : C'est surnaturel pour l'homme, pas pour le poisson.

Śrīla Prabhupāda : En effet, car tous les êtres ne sont pas dotés des mêmes pouvoirs ; seul Dieu, l'origine de toute chose, les possède tous. Chaque être distinct reçoit de Dieu certains pouvoirs spécifiques, mais c'est en Lui que résident tous les pouvoirs surnaturels.

Il existe huit catégories de pouvoirs surnaturels, parmi lesquels le *laghimā,* qui permet à l'homme de se faire plus léger qu'une plume ; le *mahimā,* de se faire plus grand qu'une montagne ; le *prāpti,* de se saisir de n'importe quoi à quelque distance que ce soit ; et l'*īśitva,* de subjuguer une autre personne et de lui dicter ses actes. Nous pouvons également considérer comme surnaturelle la puissance du soleil, vus les phénomènes extraordinaires qu'il engendre par ses rayons. À moins que les hommes de science n'admettent l'existence de pouvoirs surnaturels, ils demeurent incapables d'expliquer ces phénomènes et ne font que décrire leurs observations.

Dr. Singh : Pour peu qu'il soit habile, un homme de science prétendra toujours pouvoir prouver sa théorie, mais en réalité, il ne prouve rien du tout. Le véritable homme de science est celui qui parvient à connaître la cause ultime, originelle ; son analyse s'affirme alors complète et définitive.

Śrīla Prabhupāda : Oui, s'il ne trouve pas la source ultime, c'est qu'il ne pratique pas la véritable science.

Dr. Singh : Lorsqu'il réalise le caractère surnaturel de l'existence, l'homme prend alors conscience que, chaque jour, son corps meurt un peu plus. Mais les hommes d'aujourd'hui ne réalisent pas qu'ils se dirigent pas à pas vers la mort.

Śrīla Prabhupāda : Voilà bien leur manque d'intelligence : ils meurent à chaque instant, mais ils continuent néanmoins à penser et à agir comme s'ils allaient vivre éternellement. À vrai dire, la mort commence au moment précis de la naissance. Le vrai problème est donc de stopper le processus de la mort. Au lieu de cela, non seulement nos prétendus hommes de science l'accélèrent avec un grand nombre de leurs inventions, mais ils refusent en plus d'écouter tout conseil ou critique constructive qui leur permettrait de se corriger.

Septième entretien

. . . . . .

Los Angeles, mai 1973

Des escrocs et des dupes

. . . . . .

Śrīla Prabhupāda : Des phénomènes naturels comme l'apesanteur ou la gravitation relèvent d'énergies inconcevables, ou *acintya-śaktis,* et la véritable science consiste à comprendre cette *acintya-śakti.* Observer une succession d'événements à partir d'une phase intermédiaire ne permet d'obtenir qu'un savoir incomplet ; c'est l'origine des choses qu'il faut chercher à connaître. Or, si nous poussons suffisamment loin nos investigations, nous découvrirons que la nature trouve son origine dans l'*acintya-śakti.* Nous pouvons aisément comprendre, par exemple, devant un tableau où est représentée une fleur, qu'il a fallu un pinceau, des couleurs et une certaine intelligence pour le réaliser, mais nous ne saurons toujours pas par quel phénomène la végétation pousse naturellement sur toute la Terre. La fleur peinte est explicable, mais pas la fleur réelle. Ainsi les savants restent-ils incapables d'expliquer le phénomène de la croissance biologique même s'ils en expliquent le processus. Ils jonglent avec des mots savants comme *molécule* et *chromosome,* mais au fond ils ne peuvent pas expliquer le phénomène en lui-même.

L'erreur fondamentale des prétendus hommes de science vient de ce qu'ils ont adopté la voie inductive pour parvenir à leurs conclusions. Par exemple, pour déterminer si l'homme est mortel ou non, un scientifique devra étudier le cas de chaque homme afin de voir s'il n'en est pas un qui soit immortel. Par contre, la voix déductive consiste à se fier aux dires de son père, de son professeur ou de son *guru.*

Dr. Singh : Il existe donc deux processus pour acquérir la connaissance ; l'un ascendant et l'autre descendant ?[6]

Śrīla Prabhupāda : Oui, mais le processus ascendant n'est pas valable car la connaissance ainsi obtenue repose sur des informations recueillies par les sens, lesquels sont imparfaits. Voilà pourquoi nous optons pour le processus descendant.

Il est impossible de connaître Dieu par la méthode inductive ; aussi Le dit-on *adhokṣaja,* « au-delà de la perception directe ». Si les savants disent que Dieu n'existe pas, c'est qu'ils essaient d'avoir une perception directe de Sa Personne, alors qu'Il est *adhokṣaja.* Par conséquent, ils ignorent tout de Dieu, car ils ignorent tout de la voie qui permet de Le connaître. Et cette voie, Kṛṣṇa la révèle Lui-même dans la *Bhagavad-gītā* (9.34) : *tad viddhi praṇipātena paripraśnena sevayā* – celui qui désire comprendre la science de la transcendance doit approcher un maître spirituel authentique, l'écouter avec soumission et le servir.

Mon *guru-mahārāja*[7] disait : « La société moderne est un monde constitué d'escrocs et de dupes. » Ainsi voit-on les gens faire l'éloge des escrocs qui les trompent, et les petits escrocs vénérer les grands. Lorsque des paroles élogieuses viennent d'un homme cultivé, elles méritent d'être prises en considération, mais quelle valeur accorder aux louanges adressées par un troupeau de sots ? Malheureusement, ceux qui offrent des louanges sont généralement tout autant plongés dans l'ignorance que ceux auxquels elles s'adressent. Comme l'enseignent les *Vedas : saṁstutaḥ puruṣaḥ paśuḥ* – « Le petit animal vénère le grand. »

La compassion

. . . .

Śrīla Prabhupāda : Tout est pourri : la justice, la médecine, le gouvernement… Les dirigeants eux-mêmes sont accusés de corruption. Que peut-on attendre d'une société où le gouvernement est corrompu, où la police est corrompue ? Pour se faire élire, les dirigeants promettent un bonheur qu'ils sont incapables de donner puisqu'il est illusoire, ou *māyā,* et la société devient ainsi un véritable repaire de menteurs. Mais les gens recherchent précisément ce bonheur illusoire, et c'est pourquoi ils continuent invariablement d'élire ces dirigeants sans scrupules.

Un *vaiṣṇava*[8] se doit de faire preuve de compassion à l'égard de ces ignorants. Le grand *bhakta* Prahlāda Mahārāja priait ainsi : « Seigneur, en ce qui me concerne, je n'ai aucun problème ; ma conscience demeure sans cesse absorbée dans le souvenir de Tes puissants actes divins, en sorte que je possède une juste vision des choses. Mais je ressens une grande compassion envers ces sots qui vivent pour un bonheur illusoire. »

Le *vaiṣṇava* n'a d'autre souci que de rendre heureux ses semblables, sachant bien qu'ils poursuivent un vain mirage. Pendant soixante-dix ou quatre-vingts ans, l'homme poursuit un bonheur illusoire pour finalement mourir sans avoir atteint son but et sans savoir ce qui l'attend après la mort. En cela, il s'apparente à l'animal car celui-ci ignore également d'où il vient, où il ira après la mort et quel est le sens de sa vie. De par l'influence de *māyā,* l'animal se contente de manger, de dormir, de s'accoupler et de se défendre jusqu'à ce qu'il rencontre la mort. Ces cinq choses accaparent toute l'existence des animaux et celle de leurs congénères humains, tout aussi ignorants. Aussi le rôle des *vaiṣṇavas* est-il d'enseigner aux gens que Dieu existe, que nous sommes Ses serviteurs, et que nous pouvons connaître une existence de félicité éternelle en nous engageant dans Son service et en développant notre amour pour Lui.

Au-delà de la prison du corps

Dr. Singh : Mais l'être vivant ne dépend-il pas de la matière tant qu'il se trouve au sein du monde matériel ?
Śrīla Prabhupāda : Non, l'être en lui-même est purement spirituel ; par conséquent, il n'a pas besoin de la matière, mais parce que son intelligence a été souillée, il est persuadé du contraire. On pourrait comparer l'être conditionné à l'ivrogne qui considère la boisson comme un facteur vital pour sa survie. Voilà ce qu'on appelle *māyā,* ou l'illusion, car en réalité, notre ivrogne pourrait très bien vivre sans boire.
Dr. Singh : Bien sûr, mais s'il ne mange pas, il mourra.
Śrīla Prabhupāda : Ce n'est pas vrai non plus. Prenez l'exemple de Raghunātha Dāsa Gosvāmī[9] – nous parlions justement de lui hier soir. Vers la fin de sa vie, il s'abstint presque complètement de manger et de dormir. Il buvait simplement un peu de babeurre tous les trois ou quatre jours et ne dormait plus que deux ou trois heures par nuit ; parfois même, il travaillait jour et nuit, sans se reposer. Vous vous demandez peut-être comment il est possible de survivre ainsi, mais le fait demeure que Raghunātha Dāsa Gosvā-

mī vécut cent ans. Parce qu'il était un pur dévot de Kṛṣṇa, il demeurait pleinement conscient de ce que l'âme est éternelle et se suffit à elle-même, bien qu'elle ait été incarcérée dans la prison du corps matériel. Ce n'est pas la cage qui permet à l'oiseau de vivre ; bien au contraire, sans elle, il serait libre. Mais les gens pensent que le bonheur vient du corps dans lequel ils se trouvent emprisonnés. N'est-ce pas absurde ? À vrai dire, cet emprisonnement suscite la peur en notre être. Il suffit toutefois de purifier notre existence pour qu'aussitôt – sans même avoir à quitter notre corps – nous devenions *abhayas,* libres de toute crainte.

brahma-bhūtaḥ prasannātmā
na śocati na kāṅkṣati
samaḥ sarveṣu bhūteṣu
mad-bhaktiṁ labhate parām

« Celui qui atteint le niveau spirituel réalise du même coup le Brahman Suprême et y trouve une joie infinie. Jamais il ne s'afflige, jamais il n'aspire à quoi que ce soit ; il se montre égal envers tous les êtres. Celui-là obtient alors de Me servir avec un amour et une dévotion pure. » (*Bhagavad-gītā,* 18.54)

Nous pouvons sur-le-champ nous éveiller à notre existence spirituelle originelle, une existence libre de toute peur, de toute souffrance et de tout désir matériel.

Dr. Singh : Je crois néanmoins que les hommes de science demanderaient plus d'explications sur le fait que l'être vivant puisse être indépendant de la matière.

Śrīla Prabhupāda : Tant que l'on est conditionné, on demeure dépendant de la matière. Un homme ayant toujours vécu dans un pays tropical, l'Afrique par exemple, a subi un certain conditionnement : il aura du mal à tolérer votre climat, qui est beaucoup plus froid, et il en souffrira. Les gens d'ici par contre, comme ces enfants en train de jouer sur la plage, ne sont pas dérangés par le froid. La tolérance n'est donc qu'une question de conditionnement.

L'être conditionné pense en termes de dualité, comme la chaleur et le froid, le plaisir et la douleur, mais à l'état libéré, il s'affranchit de ces concepts conditionnés. C'est ce qu'on entend par vie spirituelle – atteindre le niveau absolu du *brahma-bhūta,* du déconditionnement total. Voilà la perfection de l'existence. Sous l'effet du conditionnement matériel, l'être vivant, pourtant éternel, pense qu'il naît, qu'il tombe malade, qu'il vieillit et qu'il meurt ; alors qu'une âme libérée, elle, n'est même plus sujette à la vieillesse. La *Brahma-saṁhitā* décrit ainsi Kṛṣṇa : *advaitam acyutam anādim ananta-rūpam ādyaṁ purāṇa-puruṣaṁ nava-yauvanaṁ ca.* Bien qu'Il soit le plus ancien de tous les êtres, le premier être, Il ignore la vieillesse et conserve toujours l'apparence d'un jeune homme de vingt ans, car Sa nature est transcendantale.

Huitième entretien

. . . . . .

Los Angeles, mai 1973

L'évolution de la conscience

. . . . . .

Dr. Singh : Śrīla Prabhupāda, d'après ce que j'ai cru comprendre en lisant la *Bhagavad-gītā,* les 8 400 000 espèces vivantes ont été toutes créées simultanément. Est-ce exact ?

Śrīla Prabhupāda : Parfaitement.

Dr. Singh : Certains êtres obtiendraient donc directement une forme humaine sans subir de processus évolutif ?

Śrīla Prabhupāda : Oui. Les êtres vivants transmigrent de corps en corps, mais les différentes formes qu'ils revêtent existent déjà. L'être ne fait que changer de corps tout comme on change d'appartement. Il existe différentes catégories d'appartements : certains sont luxueux, d'autres simplement confortables, et d'autres encore plus modestes. Lorsqu'un individu déménage d'un logement ordinaire pour un autre de grand standing, il demeure toujours la même personne ; mais grâce à sa situation financière, grâce à son *karma*[10], il peut maintenant occuper un appartement de luxe. La véritable évolution ne se situe pas au niveau de l'enveloppe physique, mais au niveau de la conscience. Vous saisissez ?

Dr. Singh : Je crois bien. Vous voulez dire que si quelqu'un naît au sein d'une espèce inférieure, il devra évoluer peu à peu jusqu'aux espèces supérieures ?

Śrīla Prabhupāda : C'est cela. Tout comme lorsque vous avez réalisé des économies, vous pouvez déménager dans un appartement plus confortable. Mais bien sûr, ce dernier existait déjà, ce n'est pas que votre logement modeste *devient* un appartement de très grand standing. Voilà pourtant ce que prétend Darwin avec sa théorie absurde ; les savants d'aujourd'hui pensent que la vie s'est développée à partir de la matière. Il y a des millions d'années, disent-ils, tout n'était que matière et la vie n'existait pas. Mais nous rejetons cette théorie. D'entre ces deux énergies – la vie et la matière – la vie, ou l'esprit, représente l'énergie supérieure, originelle ; quant à la matière, l'énergie inférieure, elle procède de la vie.

Dr. Singh : Existent-elles simultanément ?

Śrīla Prabhupāda : Oui, mais l'esprit est indépendant, alors que la matière dépend de lui. Prenons l'exemple de mes bras et de mes jambes : je n'en suis pas dépendant car même si j'étais privé de leur usage, je continuerais de vivre. Par contre, mes bras et mes jambes dépendent de moi, l'âme spirituelle, qui habite ce corps.

Des corps innombrables pour des désirs innombrables

. . . . . .

Dr. Singh : Mais la vie et la matière apparaissent-elles simultanément ?

Śrīla Prabhupāda : Non. À vrai dire, elles n'*apparaissent* même pas du tout puisqu'elles existent déjà toutes deux. Du fait que nous vivons dans ce monde limité où tout a un commencement, nous concevons toute chose comme ayant un début dans le temps, mais en réalité, la matière et l'esprit existaient déjà avant même d'être manifestés. Quoi qu'il en soit, nous avons tendance à penser que le monde a commencé lorsque *nous* sommes nés. Autre exemple : lorsque vous allumez un feu, la chaleur et la lumière apparaissent aussitôt. Il serait absurde de penser qu'il s'écoule un laps de temps entre l'apparition du feu et celle de la chaleur et de la lumière.

Dr. Singh : Mais il reste que le feu est à l'origine de la chaleur et de la lumière...

Śrīla Prabhupāda : Oui, mais leur existence est simultanée. Les êtres éternels conçoivent éternellement d'innombrables désirs et toutes les espèces vivantes existent de toute éternité pour répondre à ces désirs variés.

Dr. Singh : Ce sont donc les désirs des êtres qui déterminent les corps qu'ils doivent revêtir ?

Śrīla Prabhupāda : Exactement. L'État fait construire une prison en prévision des malfaiteurs qui ne manqueront pas de se manifester, et lorsqu'on appréhende et condamne un criminel, la prison est déjà prête à l'accueillir, avant même que le jugement ne soit prononcé. De même, Dieu, parce qu'Il est *sarva-jña,* omniscient, sait parfaitement que certains êtres vivants vont se rebeller contre Sa volonté et se vouer à des actes coupables. Il connaît également les désirs variés qu'ils vont développer au contact des trois *guṇas.*[11] Aussi, a-t-Il créé depuis l'aube des temps les diverses formes vivantes qui serviront à abriter les âmes conditionnées, selon leurs désirs.

Les trois *guṇas* sont le *sattva-guṇa* (la vertu), le *rajo-guṇa* (la passion) et le *tamo-guṇa* (l'ignorance). Tous les différents objets du monde matériel sont conçus à partir de ces trois influences, tout comme les trois couleurs fondamentales (le bleu, le rouge et le jaune) servent à produire des milliers de nuances et de tons variés. Quant à l'orchestration de cette répartition, elle est dévolue à la nature, qui s'en charge avec une prodigieuse dextérité. La *Bhagavad-gītā* (3.27) enseigne : *prakṛteḥ kriyamāṇāni guṇaiḥ karmāṇi sarvaśaḥ* – « Toutes les activités sont accomplies par les *guṇas.* » Aussi les influences matérielles transparaissent-elles dans la variété des espèces vivantes – plantes et arbres, poissons, mammifères, humains, *devas* et autres, soit 8 400 000 formes de vie différentes.

Le Seigneur Suprême, Lui, Se multiplie pour apparaître en tant que l'Âme Suprême, le Paramātmā, dans le cœur de chacun. Bien qu'Il réside dans le corps matériel et qu'Il en soit la source originelle, le Paramātmā n'est pas Lui-même matériel. Pour Lui, il n'existe nulle distinction entre la matière et l'esprit, car toutes les énergies procèdent de Lui. Il peut donc, à Sa guise, transformer la matière en esprit et l'esprit en matière.

H_2O : un pouvoir surnaturel

. . . .

Dr. Singh : Les hommes de science pensent que c'est grâce à certains éléments chimiques que l'âme spirituelle peut exister dans le monde matériel. Selon les chimistes, les éléments de base, soit le carbone, l'hydrogène, l'azote et l'oxygène, se combineraient pour former des entités vivantes. Or, il me semble que les *Vedas* enseignent qu'une créature vivante ne peut se développer que si une âme spirituelle pénètre d'abord dans ces éléments chimiques.
Śrīla Prabhupāda : Bien que tous les éléments nécessaires

à la croissance d'une plante soient présents dans la terre, il faut d'abord y semer une graine pour que la plante se manifeste. De même, dans la matrice de la mère se trouvent réunis tous les éléments et les conditions nécessaires à la formation d'un autre corps, mais il reste que le père doit apporter la semence pour qu'un enfant s'y développe. Les chiens produisent des chiots, et les êtres humains auront des enfants qui leur ressemblent, car c'est la nature du corps des parents qui détermine la descendance chez une espèce donnée.

Qu'il s'agisse d'une fourmi, d'un homme ou d'un éléphant, la quantité de matières chimiques produites par le corps d'un être varie déjà dans de grandes proportions. Imaginez donc quel doit être le pouvoir créateur de Dieu ! À moins de baser leurs recherches sur cette notion, les hommes de science ne sauraient définir l'origine des énormes quantités d'oxygène et d'hydrogène nécessaires à la formation des océans. Nous-mêmes savons que ces éléments chimiques trouvent leur origine dans la *virāṭ-rūpa,* le corps universel du Seigneur. Pourquoi les scientifiques ne parviennent-ils pas à comprendre cette vérité toute simple ? Nous convenons nous aussi que les mers sont issues d'une combinaison d'hydrogène et d'oxygène. Mais eux ne parviennent pas à comprendre que ce gigantesque agrégat d'éléments chimiques trouve son origine dans l'*acintya-śakti,* l'inconcevable puissance surnaturelle de Dieu, la Personne Suprême.

La définition de la vie

. . . .

Dr. Singh : J'ai noté qu'il existe une controverse dans le monde scientifique quant à la définition des mots *vivant* et *non vivant.* Certains disent qu'un être est vivant dans la mesure où il peut se reproduire. Et ils prétendent donc avoir créé la vie puisque certaines molécules d'ADN[12] produites en laboratoire peuvent se multiplier, c'est-à-dire que par leur propre puissance elles peuvent reproduire d'autres chaînes moléculaires. Certains hommes de science disent que les molécules sont vivantes, mais d'autres contestent cette assertion.

Śrīla Prabhupāda : S'il existe des divergences d'opinions entre eux, cela indique que leur connaissance est imparfaite.

Dr. Singh : Le mot *vivant* peut-il se définir comme « doué de conscience », et *non vivant* comme « dénué de conscience » ?

Śrīla Prabhupāda : Oui, c'est là la différence. Comme l'enseigne Kṛṣṇa dans la *Bhagavad-gītā* (2.17) : *avināśi tu tad viddhi yena sarvam idaṁ tatam* – « Ce qui pénètre le corps tout entier est indestructible. » Or, ce qui pénètre le corps entier d'un être vivant, c'est la conscience. Et l'état de notre conscience à l'instant de la mort déterminera le corps particulier qui nous sera attribué dans la vie suivante. Si vous avez la conscience d'un chien, vous devrez revêtir le corps d'un chien, mais si vous avez développé une conscience divine, vous obtiendrez le corps d'un *deva*[13]. Kṛṣṇa laisse à chacun la liberté de choisir le corps qu'il veut revêtir (*Bhagavad-gītā,* 9.25).

Le procès de Darwin

. . . . . .

Dr. Singh : Si un être humain n'atteint pas la libération, devra-t-il transmigrer à travers les 8 400 000 espèces vivantes avant de retrouver la forme humaine ?
Śrīla Prabhupāda : Non, selon les lois de la nature, l'être vivant ne doit subir cette progression graduelle que dans les espèces inférieures. Dans la forme humaine, sa conscience développée lui confère le pouvoir du discernement. Par conséquent, un être qui possède une conscience développée ne renaîtra pas dans un corps de chien ou de chat, mais obtiendra un autre corps humain.

prāpya puṇya-kṛtāṁ lokān
uṣitvā śāśvatīḥ samāḥ
śucīnāṁ śrīmatāṁ gehe
yoga-bhraṣṭo 'bhijāyate

« Après des années sans nombres de délices sur les planètes où vivent ceux qui ont pratiqué le bien, celui qui a failli sur la voie du *yoga* renaît au sein d'une famille riche et noble, ou de haute vertu, ou encore dans une famille de spiritualistes. En vérité, il est rare, ici-bas, d'obtenir une telle naissance. » (*Bhagavad-gītā,* 6.41)

Le mot *yoga-bhraṣṭaḥ* désigne celui qui n'a pu atteindre une réussite complète dans la pratique du yoga. Il n'a donc pas à subir de nouveau la transmigration à travers chacune des espèces vivantes, mais revient d'emblée dans une forme évoluée. Il lui sera donc attribué un corps humain, non celui d'un chat ou d'un chien. Pour reprendre l'exemple des appartements, si vos revenus augmentent, vous aurez naturellement un appartement d'un standing plus élevé sans avoir à occuper d'abord un logement de classe inférieure.

Dr. Singh : Tout ceci contredit complètement la théorie de l'évolution de Darwin.

Śrīla Prabhupāda : Nous démentons complètement la théorie de Darwin.

Dr. Singh : De nombreux scientifiques ont des doutes quant aux théories de Darwin. Mais ses partisans disent que la vie serait née de la matière, puis aurait évolué depuis les formes unicellulaires jusqu'aux organismes multicellulaires. Ils croient que les espèces supérieures, animales et humaines, n'existaient pas au début de la création.

Śrīla Prabhupāda : Darwin et ses partisans mystifient les gens. S'il n'y avait pas d'espèces supérieures à l'origine, pourquoi existent-elles maintenant ? Et pourquoi les espèces inférieures continuent-elles d'exister ? Aujourd'hui, par exemple, on peut voir se côtoyer un homme intelligent et un âne sans intelligence. Pourquoi l'espèce des ânes n'a-t-elle pas disparu après avoir évolué vers une forme supérieure ? Pourquoi ne voit-on jamais un singe engendrer un être humain ? La théorie de Darwin selon quoi la vie humaine serait apparue quelque part dans l'échelle évolutive est absurde. La *Bhagavad-gītā* explique qu'à travers ses actes, l'être peut directement renaître sous une forme ou une autre. Par exemple, lorsque je me rends en Amérique, en Australie ou en Afrique, il ne s'agit pour moi que d'un voyage à travers des pays qui existaient déjà auparavant. Je n'ai pas *créé* l'Amérique lorsque j'y ai débarqué, et je ne suis pas moi-même *devenu* ce pays. Il y a de nombreux pays que je n'ai pas encore visités, mais ils existent pourtant bel et bien. Les hommes de science qui soutiennent Darwin sont dénués d'intelligence. La *Bhagavad-gītā* enseigne clairement que toutes les espèces existent simultanément, et que chacun peut choisir de revêtir une forme particulière, à sa convenance. Celui qui le désire peut même atteindre le royaume de Dieu. Voilà ce qu'affirme le Seigneur, Śrī Kṛṣṇa, dans la *Bhagavad-gītā.*

Neuvième entretien

. . . . . .

Los Angeles, mai 1973

De l'homme au chien

. . . .

Śrīla Prabhupāda : Les prétendus hommes de science placent leur foi dans une théorie controuvée, mensongère. Kṛṣṇa dit : *ahaṁ sarvasya prabhavaḥ* – « Je suis l'origine de toute chose. » (*Bhagavad-gītā,* 10.8) Or Kṛṣṇa n'a rien d'une pierre inerte ; Il représente la vie même.

Dr. Singh : La matière serait donc produite par la vie ?

Śrīla Prabhupāda : Oui, elle croît sur la vie. En d'autres mots, le corps croît à partir de l'âme spirituelle et la recouvre, tout comme je porte ce vêtement, fait à ma taille, sans toutefois m'identifier à lui – ce qui serait absurde.

Un disciple : Śrīla Prabhupāda, les minéralogistes ont démontré que les montagnes grandissent par l'effet de la sédimentation. Cette croissance est-elle due à la présence d'une âme spirituelle ?

Śrīla Prabhupāda : Oui. Le *Śrīmad-Bhāgavatam* décrit les montagnes comme les os de Dieu et l'herbe comme les poils sur Son corps. De ce point de vue, on peut dire que Dieu possède un corps géant.

Dr. Singh : Quelle est la différence entre l'homme et l'animal en ce qui concerne la transmigration de l'âme ?

Śrīla Prabhupāda : Les animaux ne peuvent que s'élever, alors que les êtres humains peuvent se réincarner soit dans une forme supérieure, soit dans une forme inférieure. C'est la nature des désirs de l'être qui détermine le corps qui lui sera attribué. Les espèces inférieures ne connaissent que le désir animal, mais l'être humain, est animé de centaines et de milliers de désirs, certains relevant de la nature humaine et d'autres de la nature animale. La loi de la nature est ainsi conçue que les espèces inférieures s'élèvent des formes animales jusqu'à la forme humaine, supérieure. Mais celui qui, ayant obtenu la forme humaine, ne cultive pas la conscience de Kṛṣṇa, risque de renaître dans un corps de chien ou de chat.

Le nirvāṇa

Dr. Singh : Les hommes de science ignorent tout de l'évolution ascendante ou descendante à partir de la forme humaine.

Śrīla Prabhupāda : C'est pourquoi je les traite d'imposteurs. Il y a tant de lacunes dans leur savoir, et pourtant ils se disent « savants ». La véritable science est enseignée par Kṛṣṇa dans la *Bhagavad-gītā* (9.25) : *yānti deva-vratā devān pitṝn yānti pitṛ-vratāḥ.* Ce verset explique que le corps d'un être est déterminé par ce qui fit l'objet de sa passion et de sa vénération lors de sa vie passée. Toutefois, c'est en adorant Dieu que l'homme peut mettre fin au cycle des morts et des renaissances successives. *Yaṁ prāpya na nivartante tad dhāma* – « Pour celui qui atteint cette demeure suprême, la Mienne, il n'est point de retour en ce monde matériel où règnent la naissance et la mort. » (*Bhagavad-gītā,* 8.21) L'ultime perfection de la vie humaine consiste à accéder au monde spirituel *(saṁsiddhiṁ paramām)*. Il suffit de lire la *Bhagavad-gītā,* tout y est expliqué. Mais les

Śrī Śrīmad
A. C. Bhaktivedanta Swami Prabhupāda
Acharya-fondateur de l'International Society for Krishna Consciousness

« La fleur peinte est explicable, mais pas la fleur réelle. Les savants restent incapables d'expliquer le phénomène de la croissance biologique même s'ils en expliquent le processus. Peuvent-ils créer une fleur comme celle-ci ? »

« Quelle preuve ont les hommes de science que la vie procède de la matière ? A-t-on déjà vu un enfant naître d'une pierre ? Ils sont en fait incapables de justifier leur théorie, et c'est pourquoi ils en remettent toujours la démonstration à plus tard. »

« Kṛṣṇa, Dieu la Personne Suprême, dit dans la *Bhagavad-gītā* : *ahaṁ sarvasya prabhavo* – « De tous les mondes, spirituel et matériel, Je suis la source ; de Moi tout émane. »

« Le Seigneur Se tient dans le cœur de tous les êtres. Ainsi, l'Âme Suprême sous la forme de Paramātmā accompagne éternellement l'âme individuelle. »

« Sous l'influence des trois *guṇas,* l'âme égarée croit être l'auteur de ses actes, alors qu'en réalité ils sont accomplis par la nature. »

« La *Brahma-saṁhitā* décrit ainsi Kṛṣṇa, Dieu la Personne Suprême : bien qu'Il soit le plus ancien de tous les êtres, la Personne originelle, Il ignore la vieillesse et garde toujours la fraîcheur de la jeunesse, car Sa nature est transcendentale. »

« Le procédé de réalisation spirituelle recommandé pour l'âge dans lequel nous vivons est le chant congrégationnel du mantra Hare Kṛṣṇa: Hare Kṛṣṇa, Hare Kṛṣṇa, Kṛṣṇa Kṛṣṇa, Hare Hare / Hare Rāma, Hare Rāma, Rāma Rāma, Hare Hare. »

scientifiques n'ont aucune idée de cette perfection ; ils ne croient même pas en l'existence de l'être vivant, indépendamment du corps matériel.

Dr. Singh : Ils ne parlent que du corps, ils ne font aucune mention de l'être vivant.

Un disciple : Leur conception s'apparente au bouddhisme. Les bouddhistes comparent le corps à une maison. Selon eux, tout comme une maison en bois qui finit par s'écrouler, le corps est constitué d'éléments chimiques qui s'assemblent, puis se dispersent après la mort. Et de même qu'il ne reste plus de la maison écroulée qu'un tas de bois, le corps mort se désagrège et retourne à l'état d'éléments chimiques. C'est ainsi qu'il disparaît, et avec lui la vie.

Śrīla Prabhupāda : C'est le *nirvāṇa* des bouddhistes ; et les matériaux servent ensuite à construire une autre maison, un autre corps. Mais les bouddhistes n'ont aucune connaissance de ce qui touche à l'âme.

Destin et karma

. . . . . .

Un disciple : Certains savants avancent que chaque corps abriterait plusieurs âmes, et ils donnent pour exemple le cas du ver de terre : si on le coupe en deux, les deux parties continuent de vivre. Pour eux, ce phénomène constitue la preuve que le corps du ver abrite deux âmes.

Śrīla Prabhupāda : Non, c'est simplement qu'une nouvelle âme est venue occuper l'autre moitié de son corps.

Dr. Singh : L'âme spirituelle doit-elle nécessairement avoir un corps, fût-il spirituel ou matériel ?

Śrīla Prabhupāda : L'âme a déjà un corps spirituel, et le corps matériel vient le recouvrir. Mon véritable corps est donc spirituel, et tous les corps que je revêts successivement s'opposent à ma nature réelle qui est d'être le serviteur de Kṛṣṇa. Tant que je n'assume pas ce rôle, je demeure esclave de la matière, et selon les lois rigoureuses de l'énergie matérielle, je dois revêtir, l'un après l'autre, de nombreux corps de matière qui répondent, chaque fois, à mes nouveaux désirs.

Bien que les êtres conditionnés s'imaginent être seuls maîtres de leur destin, ils se trouvent assujettis à chaque instant à la loi du *karma* :

prakṛteḥ kriyamāṇāni
guṇaiḥ karmāṇi sarvaśaḥ
ahaṅkāra-vimūḍhātmā
kartāham iti manyate

« Sous l'influence des trois *guṇas,* l'âme égarée croit être l'auteur de ses actes alors qu'en réalité, ils sont accomplis par la nature. » (*Bhagavad-gītā,* 3.27) Cet égarement vient de ce que l'être vivant pense être le corps. Or, dans la *Bhagavad-gītā* (18.61), Kṛṣṇa enseigne également :

īśvaraḥ sarva-bhūtānāṁ
hṛd-deśe 'rjuna tiṣṭhati
bhrāmayan sarva-bhūtāni
yantrārūḍhāni māyayā

« Le Seigneur Suprême Se tient dans le cœur de tous les êtres, ô Arjuna, et dirige leurs errances à tous, chacun se trouvant comme sur une machine constituée d'énergie matérielle. » (*Bhagavad-gītā,* 18.61)

Dans ce verset, le mot *yantra,* signifiant « machine », indique que les différents corps qui nous sont attribués par la nature matérielle sont tels des machines nous servant de véhicules. Tantôt nous nous élevons vers les espèces supérieures, tantôt nous nous dégradons. Mais l'être qui, par la miséricorde du maître spirituel et de Kṛṣṇa, reçoit la semence du service de dévotion et la cultive, peut échapper au cycle des morts et des renaissances, et voir ainsi son existence couronnée de succès. Faute de quoi, il devra monter et descendre sans fin l'échelle des diverses formes de vie, revêtant parfois le corps d'un brin d'herbe, parfois celui d'un lion…

L'ignorance diffusée sous le couvert de l'instruction

Un disciple : C'est donc le désir de jouissance matérielle qui nous fait revêtir ces corps, et le désir d'atteindre Kṛṣṇa qui nous permet de retrouver notre position naturelle ?
Śrīla Prabhupāda : Oui.
Dr. Singh : Mais il semble qu'une lutte constante nous oppose à notre nature inférieure. Nous devons sans cesse combattre nos désirs matériels, et ce, malgré notre désir de servir Kṛṣṇa. En est-il toujours ainsi ?
Un disciple : Le corps agit presque comme un tyran qui nous dicte sa loi.
Śrīla Prabhupāda : Cela indique que vous subissez fortement l'emprise de l'énergie matérielle, de *māyā.*
Dr. Singh : Et cela, bien que nous désirions également servir Kṛṣṇa ?

Śrīla Prabhupāda : Oui. Un voleur a beau savoir qu'il va être arrêté et mis en prison – il peut même avoir vu ses complices se faire arrêter – il n'en continue pas moins de voler. Bien qu'il se sache assujetti à la loi, il agit néanmoins selon ses désirs ; voilà bien ce que l'on entend par *tamas,* l'ignorance. Aussi la connaissance marque-t-elle le début de la vie spirituelle. En premier lieu, comme Kṛṣṇa l'enseigne à Arjuna dans la *Bhagavad-gītā,* l'homme doit apprendre qu'il n'est pas le corps de matière mais bien une âme spirituelle. Mais dans quelle université enseigne-t-on ce savoir ?

Dr. Singh : Cela ne se fait nulle part.

Śrīla Prabhupāda : Comment alors parler d'éducation ! C'est l'ignorance qu'ils propagent, et non pas le savoir.

Dr. Singh : Si les hommes de science savaient qu'ils ne sont pas le corps mais plutôt l'âme *dans* le corps, toute leur optique changerait.

Śrīla Prabhupāda : Oui, et c'est ce que nous voulons.

Un disciple : Mais ils ne veulent pas admettre leur échec.

Śrīla Prabhupāda : Cela ne fait qu'ajouter à leur incapacité. En se faisant passer pour intelligent, un sot ne réussit qu'à aggraver sa sottise, car alors, il ne peut plus faire de progrès. Et s'il se fait passer pour un homme de savoir alors qu'il demeure dans l'ignorance, ce n'est qu'un tricheur : il se dupe lui-même et fourvoie autrui. Les gens manifestent un tel engouement pour cette prétendue « civilisation du progrès », mais ils ont entre eux des rapports de chien et de chat. Prenez l'exemple des services d'immigration, tout le monde se méfie d'autrui. On ira jusqu'à fouiller un homme très respectable pour voir s'il ne porte pas un revolver, car aujourd'hui, avec tous ces voleurs et ces bandits qui se dissimulent derrière leurs belles manières, on ne peut plus faire confiance à personne. Alors, qu'entend-on par progrès ? Peut-on dire de l'éducation actuelle qu'elle amène le progrès ? Est-ce là une civilisation digne de ce nom ?

Combattre l'ignorance avec l'arme du savoir

. . . .

Un disciple : Certains disent que l'athéisme des communistes aurait été à l'origine de la guerre du Vietnam, et qu'il s'agissait en fait d'un affrontement entre croyants et athées. Voilà du moins l'un des prétextes qui fut avancé pour expliquer la guerre.

Śrīla Prabhupāda : Je ne sais ce qu'il en a été, mais nous aussi nous sommes prêts à anéantir l'athéisme ; et notre arme, c'est la prédication, par quoi nous combattons l'ignorance. Il n'est pas nécessaire de prendre les armes pour détruire l'ignorance.

Dr. Singh : Une nouvelle façon de faire la guerre, en quelque sorte ?

Śrīla Prabhupāda : Oh non. La lutte contre l'ignorance par les arguments et la connaissance a existé de tout temps. Le concept corporel de l'existence relève de la nature animale. L'animal ignore, en effet, la différence qui existe entre la matière et l'esprit. Aussi, celui qui a un entendement corporel de l'existence ne vaut-il guère mieux qu'un animal. Or, un homme intelligent ne saurait prendre au sérieux les « propos » d'une bête, car les animaux ne sauraient s'entretenir de sujets élevés.

Un disciple : Mais au moins, les animaux vivent selon certaines lois : ils ne tuent pas inutilement et ne mangent que lorsque c'est nécessaire – contrairement aux hommes. Dans un certain sens donc, les hommes seraient inférieurs aux animaux.

Śrīla Prabhupāda : Et pour cette raison, ils doivent souffrir plus que les animaux. La Conscience de Kṛṣṇa n'a rien d'un mouvement religieux sentimental et sans fondement véritable. Il s'agit d'un mouvement authentique qui offre une solution aux souffrances des hommes, avec une rigueur et une précision toutes scientifiques.

Dr. Singh : Les hommes de science disent que tout dans l'univers est dû au hasard.

Śrīla Prabhupāda : Et lorsqu'ils écrivent des livres à ce sujet, est-ce également par hasard ?

Karandhara : Vraisemblablement.

Śrīla Prabhupāda : Alors, ils n'ont aucun mérite. Sous l'effet du hasard, n'importe qui peut écrire n'importe quoi.

Dr. Singh : D'après le docteur J. Monod, un savant français qui a obtenu le prix Nobel en 1965, tout a commencé lorsque, sous l'effet du hasard, certains éléments chimiques se sont combinés pour former la première molécule.

Śrīla Prabhupāda : Mais d'où venaient ces éléments chimiques ?

Dr. Singh : Là aussi, il fait intervenir le hasard ; il ajoute ensuite que lorsque la nécessité s'en fit sentir, les molécules chimiques se réorganisèrent en divers éléments.

Śrīla Prabhupāda : Mais si tout est dû au hasard, comment peut-il introduire la notion de nécessité ? Comment le hasard et la nécessité pourraient-ils aller de pair ? Cette théorie est absurde. Si le hasard décide de tout, pourquoi les gens envoient-ils leurs enfants à l'école au lieu de les laisser grandir au gré du hasard ? Croyez-vous qu'un tribunal acquitterait un malfaiteur qui expliquerait son geste en invoquant le hasard ?

Dr. Singh : L'ignorance serait donc à l'origine de la criminalité ?

Śrīla Prabhupāda : Oui. *Voilà* la vraie responsable : l'ignorance.

Un disciple : Il serait évidemment stupide de dire qu'un instrument aussi merveilleux que le violon a été conçu par hasard.

Śrīla Prabhupāda : Le pire, c'est que celui qui profère de telles inepties reçoit la palme d'honneur !

Dixième entretien

. . . . . .

Los Angeles, mai 1973

L'erreur des hommes de science

. . . .

Śrīla Prabhupāda : Les hommes de science ignorent qu'il existe deux sortes d'énergies – l'énergie matérielle et l'énergie spirituelle ; voilà leur erreur. Ils disent que tout est matière, que tout est le produit de l'énergie matérielle. Leur erreur vient de ce qu'ils prennent la matière pour point de départ, et non l'énergie spirituelle. Or, dans un sens, parce que la matière vient de l'esprit, tout est spirituel. L'énergie spirituelle, formant l'origine, peut exister indépendamment de l'énergie matérielle, mais l'inverse ne peut être vrai. Dans un même ordre d'idée, on dira que l'obscurité procède et dépend de la lumière, et non l'inverse. Les hommes de science croient que la conscience vient de la matière, mais en réalité, elle existe depuis toujours. Toutefois, lorsqu'elle est recouverte ou dénaturée par l'ignorance, elle devient une sorte d'inconscience. Le mot « matériel » traduit donc l'oubli de Dieu, et par « spirituel », il faut entendre « pleinement conscient de Dieu ». Essayez de bien saisir ce point : l'obscurité vient de la lumière car c'est en l'absence de celle-ci que tous les êtres se voient plongés dans les ténèbres. Quant au soleil, il ne saurait être touché par l'obscurité, qui s'oppose à sa nature même. C'est par l'*énergie* du soleil que d'autres phénomènes sont temporairement créés – ainsi la brume, les nuages et l'obscurité. Ces créations transitoires, on les compare à la nature matérielle, tandis que le soleil, qui brille à tout jamais, évoque, lui, la nature spirituelle. La conscience de Kṛṣṇa permet donc d'échapper à l'éphémère et de s'établir au niveau permanent de la nature spirituelle. Et tel doit être le but de tout homme, car aussi vrai que personne n'affectionne un temps nuageux, nul ne désire vraiment vivre en ce monde éphémère.

Dr. Singh : Cette conscience obscurcie est-elle engendrée par l'énergie spirituelle ?

Śrīla Prabhupāda : Oui.

Dr. Singh : Et la matière également ?

Śrīla Prabhupāda : Kṛṣṇa enseigne dans la *Bhagavad-gītā* (10.8) : *ahaṁ sarvasya prabhavo mattaḥ sarvaṁ pravartate* – « De tous les mondes, spirituel et matériel, Je suis la source ; de Moi tout émane. » Kṛṣṇa est donc le créateur de toutes choses, bonnes ou mauvaises. En fait, ces notions de « bon » et de « mauvais » ne sont que des concepts matériels, car Dieu représente le bien absolu, et cette qualité marque également toute Sa création. Ce qui pourra vous sembler mauvais est bon du point de vue divin. Aussi est-il impossible de comprendre pleinement Kṛṣṇa, car les notions de bon et de mauvais ne peuvent s'appliquer à Lui. Par exemple, certains réprouvent Kṛṣṇa en disant que pour avoir épousé seize mille reines, Kṛṣṇa devait certainement ressentir un très vif attrait pour la gent féminine. Mais leur vision s'avère très limitée, ils ne voient pas la question sous tous ses aspects : en effet, Kṛṣṇa possède un si grand pouvoir qu'Il put Se multiplier en seize mille époux pour le bonheur de Ses reines...[14]

La philosophie saugrenue du « Tout est Un »

. . . .

Dr. Singh : Puisque les manifestations de la nature matérielle sont transitoires, pourquoi se soucier d'échapper à un phénomène somme toute temporaire ?
Śrīla Prabhupāda : Et pourquoi donc portez-vous des vêtements chauds ? Vous n'en avez pas besoin puisque dans quelques heures le soleil réapparaîtra.
Dr. Singh : Mais, pour l'instant, le fond de l'air est plutôt frais.
Śrīla Prabhupāda : Mais que ce soit pour maintenant ou pour plus tard, pourquoi prenez-vous la peine de vous habiller chaudement ?
Dr. Singh : Pour éviter le désagrément d'avoir froid.
Śrīla Prabhupāda : Voilà tout, c'est pour ne pas être incommodé. La théorie des *māyāvādis* est totalement irrationnelle ; selon eux, il serait inutile de se préoccuper de ces choses : « Ce qui doit arriver, arrivera inexorablement ; pourquoi donc se tracasser ? Tout est Un. » Cette philosophie *māyāvāda* prône un monisme absolu : tout ne ferait qu'Un avec Dieu, et tout être vivant serait l'égal de Dieu.

Nous n'aurions rien contre les chimistes s'ils admettaient que la vie est à l'origine de toute chose, mais ceux-ci prétendent au contraire que tout a surgi des ténèbres de la matière inerte, et c'est cela même que nous contestons. Mais leur ignorance s'explique facilement : celui qui passe des ténèbres à la lumière croit naturellement que l'obscurité représente la phase originelle. Supposez qu'une personne sorte à la lumière du jour après avoir passé sa vie dans l'obscurité. Elle va naturellement penser que le jour a jailli des ténèbres, alors qu'en réalité, elles ne résultent que de l'absence de la lumière ; les ténèbres ne sauraient d'elles-mêmes engendrer de lumière.

Dr. Singh : L'obscurité se trouve donc subordonnée à la lumière.

Śrīla Prabhupāda : En d'autres mots, la lumière exclut l'obscurité, et lorsqu'elle faiblit, tout devient obscur. De même, quand notre conscience spirituelle, ou notre conscience de Kṛṣṇa, s'assoupit, elle se teinte alors de matérialité.

Le sommeil représente une interruption de l'état de veille, amenée par la fatigue et, selon le même ordre d'idée, le réveil ne correspond nullement au début d'une nouvelle existence qui naîtrait du sommeil. Nous existions déjà, même lorsque nous dormions, et au matin, la « vie » ne fait que continuer.

Ce point demande à être bien compris : bien que l'être vivant soit éternel, dans l'esprit d'un enfant qui vient de naître, le jour où il a été mis au monde par sa mère marque le début de son existence. Mais en réalité, il était simplement inconscient dans la matrice de sa mère, où se formait son corps matériel, et à la naissance sa conscience s'est éveillée.

Dr. Singh : Et au moment de la mort, il sombre à nouveau dans le sommeil ?

Śrīla Prabhupāda : Oui. C'est ce que décrit la *Bhagavad-gītā* (8.19) :

bhūta-grāmaḥ sa evāyaṁ
bhūtvā bhūtvā pralīyate

rātry-āgame 'vaśaḥ pārtha
prabhavaty ahar-āgame

« Sans fin, jour après jour, renaît le jour, ô Pārtha, et chaque fois, des myriades d'êtres sont ramenés à l'existence. Sans fin, nuit après nuit, tombe la nuit, et avec elle, les êtres, dans l'anéantissement, sans qu'ils n'y puissent rien. »

Le corps et le moi

. . . . . .

Śrīla Prabhupāda : Regardez cette fleur : elle vient de s'épanouir, mais sous peu, elle va se faner et mourir. C'est ainsi que se déroule l'existence matérielle, alors qu'au niveau spirituel, l'être ne connaît que l'épanouissement, et jamais la destruction. Voilà ce qui distingue l'esprit de la matière. Quant à mon corps actuel, il résulte de la conscience que j'ai développée lors de ma vie passée, et de même, mon prochain corps me sera attribué selon la conscience que j'aurai acquise en cette vie. Ceci est également confirmé dans la *Bhagavad-gītā* (8.6) :

yaṁ yaṁ vāpi smaran bhāvaṁ
tyajaty ante kalevaram
taṁ tam evaiti kaunteya
sadā tad-bhāva-bhāvitaḥ

« Car certes, ce sont les pensées, les souvenirs de l'être à l'instant de quitter le corps qui déterminent sa condition future. »

Dr. Singh : Śrīla Prabhupāda, si notre prochain corps est déterminé par notre conscience en cette vie, comment se fait-il que je ne puisse me souvenir de ma vie précédente ?

Śrīla Prabhupāda : Avez-vous souvenir de tout ce que vous avez fait l'année dernière ?

Dr. Singh : Non, je l'ai oublié.

Śrīla Prabhupāda : Vous voyez : par nature, l'être conditionné est porté à oublier.

Dr. Singh : Disons qu'il peut oublier certaines choses.

Śrīla Prabhupāda : Cette tendance pourra être plus ou moins marquée chez certains, mais d'une façon générale, nous sommes tous sujets à l'oubli.

Dr. Singh : Est-ce là un principe inhérent à la nature matérielle ?

Śrīla Prabhupāda : Oui, c'est un peu comme dans le monde des voleurs : certains subtilisent les portefeuilles et d'autres s'attaquent aux banques, mais il reste que tous sont des voleurs.

Dr. Singh : Durant notre sommeil, tombons-nous sous l'emprise des éléments subtils ?

Śrīla Prabhupāda : Vous continuez simplement à subir l'influence de l'énergie matérielle. Kṛṣṇa enseigne dans la *Bhagavad-gītā* (3.27) :

prakṛteḥ kriyamāṇāni
guṇaiḥ karmāṇi sarvaśaḥ
ahaṅkāra-vimūḍhātmā
kartāham iti manyate

« Sous l'influence des trois *guṇas,* l'âme égarée par le faux ego croit être l'auteur de ses actes alors qu'en réalité, ils sont accomplis par la nature. » Ce verset explique que nous oublions notre véritable identité parce que nous nous trouvons sous la domination de la nature matérielle.

La première étape de la vie spirituelle consiste à comprendre que nous ne sommes pas le corps, mais une âme spirituelle éternelle. Votre corps d'enfant, par exemple, n'existe plus maintenant que vous êtes adulte ; mais vous vivez encore, car vous êtes éternel. Si le corps que vous possédiez étant enfant a changé, *vous,* par contre, demeurez la même personne. Voilà bien la preuve de l'éternité de l'être. Vous devez admettre qu'aujourd'hui votre corps n'est pas le même que celui d'hier. Nous sommes aujourd'hui le quatorze mai et hier nous étions le treize. Il s'agit donc d'une nouvelle journée ; mais vous, en tant que personne, avez souvenir de la journée d'hier. Or, ce souvenir constitue la preuve de l'éternité de l'être. Votre corps a changé, mais vous en gardez souvenir : vous êtes donc éternel, bien que le corps, lui, soit temporaire. La preuve en est toute simple, et même un enfant peut saisir cette vérité. Est-ce si difficile à comprendre ?

La transmigration de l'âme

. . . . . .

Dr. Singh : Mais les gens veulent davantage de preuves.

Śrīla Prabhupāda : Que leur faut-il de plus ? L'éternité de l'âme est pourtant un fait très simple : je suis une âme éternelle et si mon corps change, *moi*, par contre, je ne change pas. À mon âge, par exemple, parce que mon corps a changé, je ne peux plus jouer et courir comme je le faisais dans mon enfance. Pourtant, si mon vieux corps ne me permet plus de jouer, j'en conserve néanmoins le désir, car cette tendance est éternelle.

Dr. Singh : Vos détracteurs diront que d'après ce qu'ils peuvent observer, la conscience n'existe que la durée d'un seul corps.

Śrīla Prabhupāda : C'est faux et irrationnel. Kṛṣṇa explique dans la *Bhagavad-gītā* (2.13) :

dehino 'smin yathā dehe
kaumāraṁ yauvanaṁ jarā
tathā dehāntara-prāptir
dhīras tatra na muhyati

« À l'instant de la mort, l'âme prend un nouveau corps, aussi naturellement qu'elle est passée dans le précédent, de l'enfance à la jeunesse, puis à la vieillesse. Ce changement ne trouble pas qui a conscience de sa nature spirituelle. » La mort n'est donc qu'un autre changement de corps, similaire à tous ceux que j'ai déjà connus tout au long de ma vie.

Dr. Singh : Mais les scientifiques objectent que nous ne pouvons pas vraiment *observer* ce dernier changement.

Śrīla Prabhupāda : Il y a beaucoup de choses que leurs yeux imparfaits ne leur permettent pas d'observer. Mais leur ignorance détruit-elle l'exactitude scientifique de la *Bhagavad-gītā ?* En premier lieu, les hommes de science se doivent d'admettre que leurs sens sont imparfaits. Le fait de pouvoir voir ou non ne détermine pas ce qui est scientifique et ce qui ne l'est pas. Les chiens ne peuvent pas comprendre les lois de la nature ; faut-il en conclure que celles-ci n'existent pas ?

Dr. Singh : Les hommes de science admettent cet argument ; mais ils disent que c'est grâce à des données objectives et expérimentales que l'on peut atteindre la perfection.

Śrīla Prabhupāda : Non ! Nul ne peut accéder à la perfection avec une intelligence imparfaite, et il en va certes ainsi de notre intelligence puisque nos sens et notre mental sont eux-mêmes imparfaits.

Dr. Singh : Śrīla Prabhupāda, une autre question peut venir à l'esprit : n'est-il pas possible que l'âme meure après avoir changé quatre ou cinq fois de corps ?

Śrīla Prabhupāda : À vrai dire, l'être se réincarne des millions de fois. Aujourd'hui, par exemple, votre corps n'est pas le même que celui d'hier. Calculez donc combien de fois vous allez changer de corps si vous vivez cent ans ?

Dr. Singh : Treize fois.

Śrīla Prabhupāda : Pourquoi treize fois ?

Dr. Singh : Les biologistes disent que tous les sept ans, toutes les cellules du corps ont été remplacées par de nouvelles.

Śrīla Prabhupāda : Non, pas seulement tous les sept ans, *toutes les secondes.* Les globules sanguins se transforment à chaque seconde. Vous êtes bien d'accord sur ce fait, n'est-ce pas ?

Dr. Singh : Oui.

Śrīla Prabhupāda : Alors, vous changez de corps à chaque seconde, à chaque fois que les globules sanguins changent.

Dr. Singh : Pour utiliser la terminologie scientifique, peut-on comparer l'éternité de l'âme à la conservation de l'énergie ?

Śrīla Prabhupāda : À vrai dire, il ne saurait être question de *conservation* de l'énergie puisque celle-ci est permanente de par sa nature même.

Dr. Singh : Mais cette loi physique indique bien que l'énergie ne peut être créée ni détruite, c'est-à-dire – selon moi – qu'elle est éternelle.

Śrīla Prabhupāda : Oui, cela nous l'admettons. Kṛṣṇa est éternel, et de même toutes Ses énergies.

Dr. Singh : Cela explique que l'être vivant soit lui aussi éternel, n'est-ce pas ?

Śrīla Prabhupāda : Oui. Si le soleil est éternel, ses énergies – soit la chaleur et la lumière – le seront également.

Dr. Singh : Et par conséquent, la vie ne saurait être créée ni détruite.

Śrīla Prabhupāda : Oui. La vie est éternelle. Elle n'est ni créée ni détruite, mais seulement recouverte comme par un sommeil temporaire. Voilà pourquoi, après une nuit de sommeil, bien que je sois éternel, je fais la distinction entre « aujourd'hui » et « hier ». Telle est la nature du monde matériel.

Tout est spirituel

Dr. Singh : La conscience matérielle correspond-elle à l'absence de conscience de Kṛṣṇa ?

Śrīla Prabhupāda : Oui.

Dr. Singh : Et que devient l'énergie matérielle pour celui qui a conscience de Kṛṣṇa ?

Śrīla Prabhupāda : S'il persévère dans cette voie, il en viendra à réaliser que rien n'est matériel. Lorsque vous offrez une fleur à Kṛṣṇa, celle-ci perd son caractère matériel puisque Kṛṣṇa n'accepte jamais rien de matériel. Et ce n'est pas que dans le massif la fleur est matérielle et qu'elle « devient » spirituelle lorsque vous l'offrez à Kṛṣṇa. Elle n'est « matérielle » que dans la mesure où vous pensez qu'elle est faite pour votre plaisir. Mais dès que vous réalisez qu'elle existe pour le plaisir de Kṛṣṇa, vous la voyez pour ce qu'elle est vraiment, c'est-à-dire spirituelle.

Dr. Singh : Alors, en réalité, l'univers entier est de nature spirituelle !

Śrīla Prabhupāda : Oui, et c'est pourquoi nous voulons tout engager dans le service de Kṛṣṇa, et vivre ainsi dans le monde spirituel.

Dr. Singh : N'est-ce pas là également une façon d'apprécier la création de Dieu ? Peut-on, par exemple, admirer un arbre en comprenant qu'il appartient à Kṛṣṇa ?

Śrīla Prabhupāda : Oui. C'est justement ce qu'on entend par la conscience de Kṛṣṇa.

Dr. Singh : Mais qu'en est-il de celui qui considère que la *mūrti* de Kṛṣṇa, dans les temples, n'est qu'une statue de pierre ou de bois ?

Śrīla Prabhupāda : Cela dénote simplement que son ignorance l'empêche de voir la réalité. Comment la *mūrti* pourrait-elle être matérielle ? La pierre, elle aussi, est une énergie de Kṛṣṇa. Prenons l'exemple de l'électricité : bien que cette énergie soit omniprésente, seul un électricien saura la rendre utilisable. De même, Kṛṣṇa est omniprésent, mais seuls Ses dévots connaissent l'art d'utiliser la pierre pour apprécier Kṛṣṇa. Un *bhakta* sait que la pierre ne peut exister indépendamment de Kṛṣṇa et lorsqu'il voit la *mūrti,* il voit Kṛṣṇa. Il réalise ainsi que Kṛṣṇa et Son énergie ne font qu'Un.

À la fois identique et distinct

. . . .

Dr. Singh : Est-il vrai que le *bhakta* perçoit la présence de Kṛṣṇa autant dans une pierre ordinaire que dans une *mūrti* sculptée ?

Śrīla Prabhupāda : Oui.

Dr. Singh : Vraiment ?

Śrīla Prabhupāda : Pourquoi pas ? Dans la *Bhagavad-gītā* (9.4), Kṛṣṇa dit :

mayā tatam idaṁ sarvaṁ
jagad avyakta-mūrtinā
mat-sthāni sarva-bhūtāni
na cāhaṁ teṣv avasthitaḥ

Ce verset explique que l'énergie de Kṛṣṇa – c'est-à-dire Kṛṣṇa sous une forme partiellement manifestée – pénètre chaque atome de l'univers. Mais c'est en Sa Forme personnelle, pleinement manifestée, qu'Il apparaît dans la *mūrti* façonnée selon Ses directives. Cette philosophie de l'*acintya-bhedābheda-tattva,* rend compte de la différence et de la non-différence simultanées qui existe entre Dieu et Ses énergies. Si un rayon de soleil entre par une baie vitrée, ce n'est pas que le soleil lui-même se trouve dans la maison. Le soleil et les énergies qu'il manifeste, comme la chaleur et la lumière, ne font qu'un sur le plan qualitatif, mais restent différents du point de vue quantitatif.

Dr. Singh : Mais pourtant, vous dites que l'on peut voir Kṛṣṇa dans une pierre ordinaire ?

Śrīla Prabhupāda : Oui, pourquoi pas ? Nous voyons la pierre comme une énergie de Kṛṣṇa.

Dr. Singh : Mais peut-on L'adorer sous cette forme ?
Śrīla Prabhupāda : Nous pouvons adorer Kṛṣṇa à travers Son énergie, représentée par la pierre. Mais nous ne pouvons toutefois rendre un culte à la pierre comme s'il s'agissait de Kṛṣṇa en personne. Nous adorons simultanément Kṛṣṇa et Son énergie, et puisque nous voyons tout comme l'énergie de Kṛṣṇa, nous pouvons ainsi vénérer toute chose. Mais cela ne veut pas dire que nous allons adorer un arbre comme nous adorons la *mūrti* de Kṛṣṇa dans le temple.

Lorsque j'étais enfant, mes parents m'apprenaient à ne jamais gaspiller l'énergie de Kṛṣṇa. Même si je trouvais un grain de riz coincé entre les lames du parquet, je devais le ramasser, le porter à mon front et l'avaler, afin qu'il ne soit pas perdu. Ils m'enseignèrent à voir toute chose en relation avec Kṛṣṇa, et c'est ainsi que l'on devient conscient de Kṛṣṇa. Voilà donc pourquoi nous voulons que rien ne soit gaspillé ou mal utilisé. Nous enseignons à nos disciples comment tout engager dans le service de Kṛṣṇa, et comment comprendre que tout est Kṛṣṇa. Comme Kṛṣṇa le dit Lui-même dans la *Bhagavad-gītā* (6.30) : « Celui qui Me voit partout et voit tout en Moi, n'est jamais séparé de Moi, comme jamais non plus Je ne Me sépare de lui. »

Onzième entretien

. . . .

Los Angeles, mai 1973

Comment déceler la présence de l'âme spirituelle ?

. . . . . .

Dr. Singh : Les hommes de science émettent beaucoup de doutes quant à l'existence de l'âme spirituelle, car ils n'ont jamais pu l'observer.

Śrīla Prabhupāda : Évidemment. Comment pourraient-ils observer l'infiniment petit ?

Dr. Singh : Néanmoins, ils voudraient percevoir son existence d'une manière ou d'une autre.

Śrīla Prabhupāda : Il suffit d'administrer à quelqu'un une quantité infime d'un poison très violent pour qu'il meure sur-le-champ. Bien que sa présence n'ait pas été visible, ses effets n'en demeurent pas moins bien réels. De même, on peut percevoir la présence de l'âme en observant l'action qu'elle a sur le corps. Les *Vedas* enseignent, en effet, que c'est grâce à cette infime particule, l'âme, que le corps entier fonctionne si parfaitement. Ce n'est pas difficile à comprendre : si je me pince, je ressentirai immédiatement une douleur, car ma conscience pénètre mon corps tout entier. Mais si je meurs, autrement dit, si moi, l'âme, je quitte mon corps, vous pourrez me couper en morceaux sans rencontrer la moindre opposition de ma part. Pourquoi les hommes de science ne comprennent-ils pas une chose aussi simple ? N'est-ce pas là une excellente façon de détecter la présence de l'âme ?

Dr. Singh : On peut, en effet, démontrer ainsi l'existence de l'âme, mais qu'en est-il de Dieu ?

Śrīla Prabhupāda : Tâchons tout d'abord de comprendre ce qui touche à l'âme. L'âme est un échantillon de Dieu ; si vous connaissez l'échantillon, vous serez alors en mesure de connaître le tout.

La science moderne : bénéfique ou maléfique ?

. . . .

Dr. Singh : Les savants ont entrepris d'essayer de créer la vie.

Śrīla Prabhupāda : « Ils ont entrepris ! » « Ils essaient ! » Nous n'admettons pas ce genre de propos. À un mendiant qui affirmerait être sur le point de faire fortune, vous diriez : « Devenez d'abord millionnaire et nous verrons après. » De la même façon, les savants affirment invariablement qu'ils « essaient », mais ils n'ont rien de précis à présenter dans l'immédiat. Or, l'important, c'est le moment présent. Leurs promesses ne sauraient constituer une réponse valable, et encore moins une assertion scientifique.

Dr. Singh : Ils disent pourtant toujours qu'ils sont sur le point de réussir.

Śrīla Prabhupāda : N'importe qui peut dire la même chose. Pourquoi ajouterais-je foi à quelqu'un qui me dit : « Je peux faire quelque chose de prodigieux, mais pas maintenant, plus tard. »

Dr. Singh : Les savants appuient leurs promesses sur les progrès qu'ils ont déjà réalisés.

Śrīla Prabhupāda : La mort frappe aujourd'hui autant que jadis. Qu'ont-ils donc apporté à l'homme ?
Dr. Singh : Une certaine aide.
Śrīla Prabhupāda : Mais simultanément, beaucoup de leurs découvertes réduisent les chances de vie de l'homme. Maintenant qu'ils ont découvert l'énergie nucléaire, ils peuvent anéantir des millions d'hommes. Ayant ainsi contribué à la destruction de l'homme, ils osent affirmer qu'ils vont créer la vie à partir d'éléments chimiques. Sont-ils vraiment concernés par le bien-être de l'humanité ? Les savants demeurent impuissants à stopper le cycle de la naissance, de la maladie, de la vieillesse et de la mort. Même s'ils parviennent à guérir certaines maladies, d'autres apparaissent. La maladie en soi et la vieillesse n'ont pas disparu ; rien n'a changé, si ce n'est qu'aujourd'hui on voit plus de médicaments et de nouvelles maladies.

L'illusion du progrès

Śrīla Prabhupāda : Combien de temps cette idée que la science apportera le bonheur va-t-elle encore fourvoyer la masse des hommes.
Dr. Singh : N'en est-il pas ainsi depuis toujours ?
Śrīla Prabhupāda : Non. La science ne trompe les gens que depuis les deux ou trois cents dernières années ; c'est tout, pas depuis des milliers d'années.
Dr. Singh : Vraiment !
Śrīla Prabhupāda : Oui, depuis environ deux siècles, ils ont activement répandu la théorie que la vie vient de la matière

et cette tromperie s'achèvera dans les cinquante prochaines années.

Dr. Singh : C'est vrai, il existe aujourd'hui un mouvement qui tente de s'opposer aux intellectuels. Les gens commencent à se rebeller contre la science et le progrès moderne.

Śrīla Prabhupāda : Les scientifiques confondent science et ignorance de même que religion et irréligion. Mais la société actuelle compte certains hommes intelligent qui ne laisseront pas cette supercherie durer plus longtemps. Les gens évoluent et ils finiront par se révolter. Combien de temps ces faux semblants de science et de religion peuvent-ils faire illusion ? Si un chef d'État veut le bien de tous ses concitoyens, pourquoi ne protège-t-il pas les vaches de son pays ? Elles sont également nées sur le sol américain et ont tout autant le droit de vivre que les autres citoyens américains. Pourquoi les envoie-t-on à l'abattoir ? Le Christ a pourtant bien dit : « Tu ne tueras point ! » Pourquoi une telle discrimination entre l'homme et l'animal ? Kṛṣṇa, Lui, agit de façon parfaite en ce qu'Il Se montre égal envers tous les êtres ; Il montre de l'affection aussi bien aux vaches qu'à Rādhārāṇī.[15] Kṛṣṇa connaît même le langage des oiseaux : un jour, en effet, Il Se mit à parler avec un oiseau, sur les rives de la Yamunā.

Dr. Singh : Voulez-vous dire qu'Il S'exprimait dans le langage même des oiseaux ?

Śrīla Prabhupāda : Exactement. Les *Vedas* révèlent que Kṛṣṇa possède, entre autres qualités, le pouvoir de parler toutes les langues. Il est, en effet, le père de tous les êtres vivants, et un père comprend naturellement le langage de tous ses enfants.

Kṛṣṇa est le bénéficiaire de toutes choses : tout existe

à seule fin de contribuer à Son plaisir. En vérité, à moins d'avoir conscience de Kṛṣṇa, nul ne peut connaître le bonheur ou posséder quelque savoir réel. Bien qu'ils ne connaissent que la souffrance, les êtres placés sous l'emprise de *māyā,* de l'illusion, prennent leur souffrance pour du plaisir. Aux États-Unis, par exemple, les gens travaillent sans arrêt et pensent profiter de la vie. Une âme conditionnée ne peut connaître aucune vraie joie : elle s'imagine jouir de la vie alors qu'elle endure un long calvaire. Voilà pourquoi le *Śrīmad-Bhāgavatam* compare l'âme conditionnée au chameau. Le chameau prend plaisir à manger des buissons épineux ; or, ceux-ci tailladent sa langue, et lorsque le sang se mélange aux épines, il leur donne une certaine saveur que le chameau prise tout particulièrement. Voilà ce que l'on entend par *māyā* : *mā* se traduit par « pas », et *yā* par « ceci ». Le mot *māyā* signifie donc « pas ceci », et indique ce qui est illusoire, ou l'illusion. Ainsi *māyā* s'est-elle emparée des hommes de science, qui s'imaginent améliorer l'existence en ce monde et progresser vers le bonheur. Mais ce monde, et tout ce qu'il contient, devra finalement disparaître, car il est *māyā,* ou illusoire. Comme l'explique le *Śrīmad-Bhāgavatam,* les matérialistes, qui se prennent pour des conquérants, ne sont en réalité que des vaincus.

Douzième entretien

. . . . . .

Los Angeles, mai 1973

Les armes yogīques

. . . . . .

Śrīla Prabhupāda : [montrant le brouillard] : Vous ne pouvez pas faire disparaître ce brouillard. Au mieux, les hommes de science donnent quelques explications au phénomène en jonglant avec des mots savants et disent qu'il contient tels et tels éléments chimiques. Mais ils sont incapables de le faire disparaître.

Dr. Singh : Ils peuvent cependant expliquer comment se forme le brouillard.

Śrīla Prabhupāda : C'est possible, mais le mérite est bien maigre. Si réellement vous connaissez le processus par quoi se forme le brouillard, alors vous devriez être capables de lui faire obstacle.

Dr. Singh : Mais nous savons comment il se forme.

Śrīla Prabhupāda : Alors trouvez un moyen de le faire disparaître. Jadis, dans les temps védiques, les guerriers combattaient avec des armes nucléaires appelées *brahmāstras*[16], et pour contrecarrer leurs effets, l'adversaire utilisait une arme qui transformait l'arme ennemie en eau. Mais aujourd'hui, nul ne connaît cette science.

Dr. Singh : Le brouillard s'apparente au lait. Le lait a un aspect blanc homogène ; mais en réalité, il s'agit d'une suspension colloïdale de certaines molécules protéiques. Pareillement, le brouillard est une suspension colloïdale d'eau.

Śrīla Prabhupāda : Il suffirait donc de produire du feu sous une certaine forme pour qu'il se dissipe aussitôt, puisque l'eau disparaît sous l'effet du feu. Mais cela, vous en êtes incapables. Bien entendu, vous pouvez toujours faire exploser une bombe, et tout le brouillard disparaîtra sous l'effet de la chaleur produite.

Karandhara : En causant des dégats énormes dans la ville entière.

Śrīla Prabhupāda : Chacun sait que le feu peut faire obstacle à l'eau, mais vous ne pouvez dissiper le brouillard sans causer la mort d'êtres vivants ou détruire les bâtiments. Toutefois, si vous laissez la nature faire son œuvre, le brouillard disparaîtra dès que le soleil se lèvera. Cela prouve que le soleil est plus puissant que vous ne l'êtes ; par conséquent, vous vous devez d'admettre qu'il existe une puissance inconcevable.

Symptômes divins

Śrīla Prabhupāda : À moins de reconnaître l'existence d'une puissance inconcevable, nul ne peut réaliser Dieu. Le Seigneur Suprême ne saurait être n'importe qui, comme le voudraient les soi-disant yogis qui prétendent devenir Dieu. Ces dieux de pacotille n'attirent que les crapules et les sots, alors qu'une personne intelligente, elle, prendra soin de vérifier si cette « incarnation divine » possède, oui ou non, des pouvoirs surnaturels. Nous affirmons que Kṛṣṇa est Dieu, la Personne Suprême, car Il a démontré Son inconcevable puissance. Alors qu'Il n'était encore qu'un tout jeune enfant, Kṛṣṇa souleva une colline ; et

Rāma, un *avatāra* de Kṛṣṇa, construisit un pont avec des pierres flottantes ! Non, Dieu n'est pas n'importe qui. Malheureusement, il suffit aujourd'hui qu'un scélérat prétende être une incarnation divine pour que des individus qui ne valent guère mieux que lui le reconnaissent comme tel. Śrī Rāma et Śrī Kṛṣṇa ont bel et bien prouvé qu'Ils possédaient des pouvoirs inconcevables. Bien sûr, certains diront que Leurs actes prodigieux ne sont que légendes et mythes. Or, tous ces Écrits furent composés par d'illustres sages comme Vālmīki[17], Vyāsadeva et d'autres *ācāryas,* tous profondément versés dans la connaissance spirituelle. Pourquoi ces grands sages auraient-ils perdu leur temps à écrire des contes mythologiques ? Bien au contraire, ils présentèrent ces épopées comme des faits réels, historiques, jamais comme des légendes. Par exemple, dans le dixième Chant du *Śrīmad-Bhāgavatam,* Vyāsadeva raconte comment l'angoisse s'empara des jeunes pâtres, compagnons de Kṛṣṇa, lorsqu'un incendie se déclara dans la forêt de Vṛndāvana. Tous se tournèrent alors vers Kṛṣṇa, implorant Son aide. Voyant cela, Kṛṣṇa avala d'un coup l'incendie tout entier. Voilà donc un exemple des pouvoirs surnaturels et inconcevables de Dieu. Et parce que nous sommes des fragments de Sa Personne, chacun d'entre nous possède une puissance surnaturelle semblable – mais dans une proportion infiniment moindre.

Le véritable savoir vient de Kṛṣṇa

. . . . . .

Kṛṣṇakānti : Les médecins s'émerveillent en voyant la complexité du cerveau humain.

Śrīla Prabhupāda : Oui, mais c'est l'âme spirituelle qui fait vivre le corps, pas le cerveau. Un ordinateur, par exemple, ne peut fonctionner tout seul. Vous devez presser certains boutons pour qu'il se mette en marche. Sans l'intervention de l'homme, cette machine ne servirait à rien ; si personne ne l'actionne, elle pourra demeurer inerte pendant des milliers d'années... Mais c'est la machine, et non l'homme, qui accomplit le travail. Le cerveau humain s'apparente donc à une machine, laquelle agit sous la direction du Paramātmā, une émanation plénière de Dieu, sise dans le cœur de chacun.

Les scientifiques se doivent de reconnaître l'existence de Dieu et de Sa puissance surnaturelle. Et s'ils s'y refusent, il faut alors les tenir pour des insensés. En nous appuyant sur la connaissance spirituelle et absolue, nous avons pu défier publiquement nombre de ces grands savants et philosophes. Vous rappelez-vous ce chimiste que vous m'avez présenté l'autre jour ? J'ai répondu à tous ses arguments et il a admis sa défaite.

Dr. Singh : Oui. Il a même reconnu que Kṛṣṇa ne lui avait peut-être pas fourni tous les éléments nécessaires pour mener à bien ses expériences.

Śrīla Prabhupāda : Mais s'il s'oppose à Kṛṣṇa, pourquoi Kṛṣṇa l'aiderait-Il ? Vous devez d'abord adopter une attitude soumise, alors seulement Kṛṣṇa pourvoiera à tous vos besoins. Lorsque je défie les philosophes et les savants, je sais que Kṛṣṇa me donnera l'intelligence nécessaire pour vaincre leurs arguments. D'un point de vue strictement scientifique, leurs connaissances dépassent largement les miennes, mais nous avons l'avantage de connaître Kṛṣṇa, et Kṛṣṇa, Lui, possède un savoir parfait. Voilà pourquoi nous sommes capables de défier tous ces hommes de science, tout comme un petit enfant ira même provoquer un géant si son père se trouve à ses côtés. Il tient la main de son père, qui veille à ce que personne ne lui fasse du mal.

Dr. Singh : Ceux qui n'essaient pas de s'élever à la conscience de Kṛṣṇa gâchent-ils leur forme humaine ?

Śrīla Prabhupāda : Oui. Les hommes qui négligent de comprendre la relation qui les unit à Dieu vivent et meurent comme le font les animaux. Comme eux, ils naissent, mangent, dorment, élèvent une famille et meurent : voilà à quoi se résume leur existence tout entière. Ils s'identifient à leur corps et ignorent tout de l'*ātmā,* du moi véritable, l'âme distincte. Le *Śrīmad-Bhāgavatam* et la *Bhagavad-gītā* nous révèlent le savoir lié à l'*ātmā,* mais ils l'ignorent. La plupart des hommes n'ont pas connaissance du savoir qui s'offre à eux dans les Écritures védiques. Les *Vedas,* par exemple, attribuent des vertus médicinales à la bouse de vache. Mais ici, en Occident, ce sont les chiens que leurs maîtres emmènent faire leurs besoins dans les rues. Pourtant, rien n'est plus impur que les excréments de chien, sans parler de tous les microbes qui s'y multiplient. Par contre, vous n'y verrez jamais de bouse de vache, bien que les *Vedas* certifient qu'elle soit pure. Regardez cet écriteau : « Défense de déposer des ordures ». C'est très bien, mais en même temps ils permettent aux chiens de faire leurs saletés partout. Les services d'hygiène publique ne vous autoriseront même pas à importer une mangue, mais ils permettent aux chiens de souiller les villes avec leurs excréments qui pullulent de germes infectieux.

La quête de l'espace : une vaine perte de temps et d'argent

. . . .

Dr. Singh : Les médecins de la NASA se sont montrés très prudents lorsque les cosmonautes sont redescendus sur Terre après leur expédition lunaire. Ils craignaient qu'ils n'aient rapporté avec eux quelques nouveaux germes jusqu'alors inconnus et ils ont mis les cosmonautes en quarantaine.

Śrīla Prabhupāda : Avant tout, sont-ils vraiment allés sur la Lune ? Je n'en suis pas si sûr. Il y a des années déjà, j'ai exprimé mon opinion à ce sujet dans un livre intitulé *Antimatière et Éternité,* où je qualifiais de puérils les travaux scientifiques visant à explorer l'espace, en spécifiant qu'ils ne mèneraient à rien d'utile. De même, quelques années plus tard, lors d'un voyage à San Fransisco, j'ai répondu à un journaliste qui me demandait ce que je pensais du voyage sur la Lune. J'ai dit qu'il ne s'agissait là que d'une perte de temps et d'argent. Quel est le fruit de tous les efforts fournis depuis ? Voilà maintenant combien d'années qu'ils essaient d'aller sur la Lune ?

Dr. Singh : Les Russes ont lancé leur premier spoutnik en 1957.

Śrīla Prabhupāda : Mais ils avaient commencé à travailler sur ce projet de nombreuses années auparavant et tout ce qu'ils ont obtenu, c'est un peu de poussière. Rien que de belles promesses ; et c'est pourtant ainsi qu'ils acquièrent leur grande influence.

Dr. Singh : Ils perfectionnent leur technologie en utilisant des modèles réduits.

Śrīla Prabhupāda : Ce sont des gamins, voilà tout. Lorsque j'étais enfant, je me disais en regardant les tramways qui se déplaçaient sur les rails : « Je vais prendre une perche, et en la posant sur le cable électrique, je pourrai moi aussi voyager sur les rails. » Les projets des savants sont tout aussi puérils. Ils sacrifient tellement de temps et d'argent, si nécessaire ailleurs, mais en fin de compte, quel but poursuivent-ils ? À vrai dire, ils ignorent le but de l'existence, et cela rend tous leurs efforts vains. Les scientifiques engloutissent des fortunes dans des travaux spatiaux qui n'aboutissent à rien de bon pour l'humanité, et ce sont les politiciens qui financent leurs projets. Ils sont comme un médecin qui, devant un cas qui le dépasse, ne veut pas avouer son ignorance et ordonne néanmoins à son patient : « Très bien, commencez par prendre ce médicament, et si cela ne marche pas, essayez cet autre. » Les hommes de science abusent le monde. Ils demeurent incapables de résoudre les véritables problèmes de l'existence – la naissance, la maladie, la vieillesse et la mort –, tous leurs projets relèvent donc de l'utopie. L'expression sanskrite *ākāśa-puṣpa*, « une fleur dans le ciel » traduit bien cette utopie : tous leurs efforts pour atteindre la vérité en explorant l'espace sont aussi vains que de vouloir cueillir une fleur dans le ciel.

Treizième entretien

. . . .

Los Angeles, décembre 1973

La pureté du bhakta

. . . .

Śrīla Prabhupāda : Quelqu'un peut-il me dire la différence entre les *karmīs,* les *jñānīs,* les *yogīs* et les *bhaktas* ?

Hṛdayānanda Gosvāmī : Le *karmī* désire jouir des plaisirs matériels à travers ses sens grossiers, le *jñānī,* lui, prend plaisir en des spéculations intellectuelles et le *yogī* cherche à maîtriser l'énergie matérielle en développant des pouvoirs surnaturels.

Śrīla Prabhupāda : Tout cela demeure matériel.

Hṛdayānanda Gosvāmī : Mais le *bhakta,* lui, n'a aucun désir matériel.

Śrīla Prabhupāda : Exactement. Et à moins d'être dénué de tout désir, nul ne peut être heureux. Les *karmīs,* les *jñānīs* et les *yogīs* sont animés de toutes sortes de désirs et ne peuvent donc connaître de bonheur véritable. Les *karmīs* sont les plus misérables, les *jñānīs* le sont un peu moins, et les *yogīs* sont encore supérieurs à ces derniers. Mais les *bhaktas,* les dévots du Seigneur, jouissent, eux, d'un bonheur parfait. Certains *yogīs* possèdent un pouvoir surnaturel qui leur permet de cueillir des fruits dans un verger situé à plusieurs milliers de kilomètres. D'autres peuvent se déplacer dans les airs, sans avion ; d'autres encore, par leur pouvoir hypnotique, réussissent à convaincre les masses qu'une certaine personne est Dieu Lui-même. J'ai été moi-même témoin de ce genre de magie.

Kṛṣṇakāntī : Un pur dévot du Seigneur est-il plus miséricordieux que Kṛṣṇa Lui-même ?
Śrīla Prabhupāda : Oui. Telle est la nature des *vaiṣṇavas,* des véritables dévots du Seigneur. Prenons l'exemple de Jésus-Christ ; bien qu'il ait pris sur lui-même les péchés de tous les hommes, il fut néanmoins crucifié. Cela nous montre combien grande était sa miséricorde. Aujourd'hui pourtant, certaines crapules osent dire : « Après tout, le Christ a dit qu'il a souffert pour nous, continuons donc de pécher. »

La différence entre la matière et l'esprit

. . . . . .

Dr. Singh : Les hommes de science disent que les arbres sont également dotés de conscience.
Śrīla Prabhupāda : C'est vrai, mais la conscience d'un arbre reste différente de celle d'un homme, qui est plus développée. Si vous me pincez, je protesterai aussitôt ; mais si vous abattez un arbre, vous ne rencontrerez aucune opposition. En vérité, la conscience existe en toute chose, mais à un degré plus ou moins important. Plus la conscience est recouverte par la matière, plus elle prend un caractère matériel ; et plus la conscience est développée, plus elle est considérée spirituelle. Voilà ce qui distingue la matière de l'esprit. Il y a partout des âmes spirituelles. Elles sortent même de la terre. Regardez ces brins d'herbe : des âmes spirituelles saisissent la chance qui leur est ainsi offerte d'exprimer leur conscience. Les âmes qui tombent des planètes

supérieures viennent parfois sur Terre dans une goutte de pluie. Elles apparaissent alors sous la forme d'un brin d'herbe pour évoluer graduellement vers des formes de vie supérieures.

Dr. Singh : Mais c'est terrible pour une âme spirituelle !

Śrīla Prabhupāda : Telles sont les lois de l'énergie subtile. Les scientifiques ignorent tout en ce domaine. Et bien qu'en réalité leur connaissance soit emportée par *māyā,* l'illusion, ils continuent néanmoins à se prendre pour de grands érudits.

Transplantations d'âmes ?

Dr. Singh : Que pensez-vous des transplantations cardiaques ? Nous savons que l'âme spirituelle se trouve dans le cœur, mais aujourd'hui, les chirurgiens peuvent remplacer un cœur usé par un nouveau. Qu'advient-il de l'âme spirituelle des deux personnes concernées ? Le receveur va-t-il changer d'identité, devenir une autre personne ?

Śrīla Prabhupāda : Non.

Dr. Singh : Pourquoi pas ?

Śrīla Prabhupāda : Supposons que je quitte ma chaise pour aller m'asseoir sur une autre. Mon identité va-t-elle changer pour autant ? Ce n'est pas parce que je change de siège que je deviens une autre personne.

Dr. Singh : Mais le cœur transplanté contient une âme spirituelle.

Prabhupāda : Les *Vedas* enseignent que le cœur sert de siège à l'âme spirituelle. Par conséquent, lors d'une transplantation, seul le siège de l'âme va changer ; mais cette dernière reste dans le même corps.

Il est impossible d'agir sur la durée de la vie, car les lois selon lesquelles chacun se voit attribuer un corps particulier échappent à tout contrôle. Vous avez revêtu un certain corps, et vous devrez l'habiter pendant un certain laps de temps. Une intervention médicale réussie n'implique pas que le médecin ait changé la destinée du patient. Celle-ci était déterminée d'avance.

Dr. Singh : La transplantation cardiaque ne serait donc qu'une imitation de la transmigration de l'âme lorsqu'elle passe d'un corps usé à un nouveau ?

Śrīla Prabhupāda : Oui, en quelque sorte. Kṛṣṇa explique dans la *Bhagavad-gītā* (2.13) :

dehino 'smin yathā dehe
kaumāraṁ yauvanaṁ jarā
tathā dehāntara-prāptir
dhīras tatra na muhyati

« À l'instant de la mort, l'âme prend un nouveau corps, aussi naturellement qu'elle est passée, dans le précédent, de l'enfance à la jeunesse, puis à la vieillesse. Ce changement ne trouble pas qui a conscience de sa nature spirituelle. »

Mais cette transplantation cardiaque n'est qu'un changement d'organe matériel. Le cœur n'étant pas la véritable source de la vie, une telle opération ne prolonge pas l'existence d'un individu au-delà de la durée qui lui était originellement échue de par son *karma*.

Dr. Singh : Serait-il possible de transplanter une âme d'un corps à un autre ?

Śrīla Prabhupāda : Certains yogis en ont le pouvoir. Ils peuvent se transporter dans un autre corps qui présente certains avantages par rapport au leur.

Dr. Singh : Lorsque les chirurgiens font une transplantation cardiaque, ils remplacent le cœur malade par celui d'une personne qui vient de mourir. L'âme du donneur ne prend-elle pas la place de celle qui se trouvait dans le cœur malade ?

Śrīla Prabhupāda : Non, car elle a déjà quitté le cœur de la personne qui est morte. Il n'est pas question d'apporter une autre âme dans le corps du patient.

Dr. Singh : Donc, lorsque les chirurgiens prennent le cœur d'un homme qui vient de mourir, l'âme l'a déjà quitté, et lorsqu'ils transplantent ce cœur sans vie dans le corps du patient, l'âme de ce dernier passe dans le cœur transplanté.

Śrīla Prabhupāda : Oui. L'âme a pour destin de vivre dans un corps particulier pour un certain nombre d'années. Par suite, quels que soient les changements d'organes que vous faites subir à ce corps, vous ne pourrez modifier la durée de sa vie.

Dr. Singh : Le cœur s'apparenterait donc à une machine, à un instrument ?

Śrīla Prabhupāda : Oui. Il est le siège de l'âme.

Un univers parmi tant d'autres

Dr. Singh : Śrīla Prabhupāda, les biologistes disent qu'il existe de nombreuses espèces qui peuvent se reproduire sans qu'intervienne le phénomène sexuel. Est-ce reconnu par les *Vedas* ?

Śrīla Prabhupāda : Bien sûr.

Dr. Singh : Nous ne pouvons donc pas freiner leur reproduction ?

Śrīla Prabhupāda : Non, c'est impossible. Tant d'êtres vivants viennent en ce monde pour y jouir des plaisirs matériels, et la reproduction doit donc se perpétuer pour leur donner un corps à tous. L'univers matériel est une sorte de prison. Vous ne pourrez jamais supprimer les établissements pénitentiaires : dès qu'un malfaiteur en sort, un autre vient le remplacer. Śrī Caitanya Mahāprabhu[18] S'entretenait à ce propos avec l'un de Ses dévots, Vāsudeva Datta. Ce dernier L'implorait de libérer tous les êtres de l'univers de leur emprisonnement, « et si Vous les estimez trop pécheurs pour qu'ils se corrigent, » ajouta-t-il, « alors je veux bien prendre sur moi tous leurs péchés ». Mais Caitanya Mahāprabhu lui répondit : « À supposer que Je délivre cet univers entier avec tous les êtres qu'il contient, il ne s'agit de toutes façons que d'un univers parmi tant d'autres, d'un grain de moutarde perdu parmi des milliers d'autres. Qu'un grain de moutarde s'échappe d'un sac plein de ces graines, cela compte pour bien peu. » Il n'est donc pas vraiment possible d'arrêter le processus de reproduction, car les êtres existent en nombre infini.

Dr. Singh : Vous avez dit que cette période d'emprisonnement doit permettre aux êtres à apprendre à se libérer des chaînes du cycle des morts et des renaissances.

Śrīla Prabhupāda : Oui. Il faut pour cela suivre le processus du *bhakti-yoga* pour parvenir à la conscience de Kṛṣṇa.

Quatorzième entretien

. . . .

Los Angeles, décembre 1973

L'origine des gaz interplanétaires

. . . . . .

Dr. Singh : Selon les hommes de science, la Terre n'était, à l'origine, qu'un nuage de poussière flottant dans une masse gazeuse. Puis, avec le temps, cette suspension colloïdale se condensa pour former la Terre.
Śrīla Prabhupāda : C'est possible, mais d'où venait cette masse de gaz ?
Dr. Singh : Ils se contentent de dire qu'elle existait !
Śrīla Prabhupāda : Dans la *Bhagavad-gītā* (7.4), Kṛṣṇa enseigne :

bhūmir āpo 'nalo vāyuḥ
khaṁ mano buddhir eva ca
ahaṅkāra itīyaṁ me
bhinnā prakṛtir aṣṭadhā

« Terre, eau, feu, air, éther, mental, intelligence et faux ego, ces huit éléments, distincts de Moi, constituent Mon énergie inférieure. »

Kṛṣṇa explique ici qu'Il est à l'origine des gaz, ou *vāyus.* Il décrit ensuite l'éther, *kham,* plus subtil que *vāyu ;* puis vient le mental, plus subtil que l'éther ; puis l'intelligence, le faux ego, et plus subtile encore que le faux ego, l'âme. Mais les scientifiques n'ont aucune connaissance de ces choses. Ils ne perçoivent que les phénomènes grossiers. Certes, ils parlent de gaz, mais peuvent-ils nous dire d'où proviennent ces gaz ?

Dr. Singh : Ils n'ont aucune réponse à offrir à cette question.

Śrīla Prabhupāda : Mais *nous* pouvons répondre. Grâce au *Śrīmad-Bhāgavatam,* nous savons que le gaz vient de *kham,* de l'éther, lequel dérive du mental ; le mental vient de l'intelligence, l'intelligence du faux ego, et le faux ego est lui-même engendré par l'âme.

Dr. Singh : Les scientifiques prétendent que « l'évolution biophysique » établie par Darwin a été précédée d'une évolution chimique, ou, comme il l'appelle, de la chimie prébiotique.

Śrīla Prabhupāda : Mais si l'on parle « d'évolution chimique », cela signifie que les éléments chimiques ont une origine. Or, cette origine est d'ordre spirituel, c'est la vie. Le citron, par exemple, produit de l'acide citrique, et nos corps engendrent eux aussi de nombreux éléments chimiques, contenus dans l'urine, le sang et les diverses sécrétions. Ceci montre bien que les éléments chimiques proviennent de la vie, et non l'inverse.

Dr. Singh : Selon eux, à partir du moment où les cellules contiennent la semence de la vie, le développement de l'être se fait naturellement de lui-même.

Śrīla Prabhupāda : Oui, mais qui donne cette semence ? La réponse se trouve dans la *Bhagavad-gītā* (7.10) où Kṛṣṇa révèle : *bījaṁ māṁ sarva-bhūtānāṁ viddhi pārtha sanātanam* – « Sache-le, ô fils de Pṛthā, Je suis, de tous les êtres, la semence première. » Puis Il dit encore, un peu plus loin :

sarva-yoniṣu kaunteya
mūrtayaḥ sambhavanti yāḥ

tāsāṁ brahma mahad yonir
ahaṁ bīja-pradaḥ pitā

« Comprends cela, ô fils de Kuntī, que toutes les espèces de vie procèdent du sein de la nature matérielle, et que J'en suis le père, qui donne la semence. » (*Bhagavad-gītā,* 14.4)

Tout le mérite revient au premier créateur

. . . .

Dr. Wolf Rottkay : Mais en toute humilité, Śrīla Prabhupāda, supposez que les hommes de science réussissent effectivement à créer une cellule vivante en laboratoire. Que diriez-vous alors ?

Śrīla Prabhupāda : Quel serait leur mérite ? Ils ne feraient jamais qu'imiter ce qui existe déjà dans la nature. Les gens sont férus d'imitations ; ils iront jusqu'à payer pour voir un homme imiter un chien sur une scène. Mais lorsqu'un véritable chien aboie, personne n'y fait attention.

Dr. Singh : Cette idée de l'évolution chimique a été émise en 1920 par un biologiste russe. Il a démontré qu'avant l'évolution biochimique, l'atmosphère de la Terre se trouvait dans une phase de réduction. En d'autres mots, elle se composait principalement d'hydrogène et de très peu d'oxygène. Puis, avec le temps, sous l'effet des radiations solaires, les molécules d'hydrogène se combinèrent pour former différents corps chimiques.

Śrīla Prabhupāda : Mais ceci ne constitue jamais qu'une étude des phénomènes secondaires. Il faut avant tout qu'ils expliquent la provenance de l'hydrogène. Les scientifiques ne donnent que la phase intermédiaire du processus, mais ils négligent la cause originelle. Or, voilà précisément ce qu'il importe de connaître. Croyez-vous que cet avion ait surgi de la mer ? (il montre un avion qui monte à l'horizon). Un simple d'esprit dirait que cet appareil a été créé au moment où il l'a vu scintiller sur la mer. Mais est-ce là une explication scientifique ? Or, le raisonnement de nos prétendus hommes de science s'avère tout aussi incohérent. « À l'origine », disent-ils, « les choses étaient ainsi, et un beau jour, par hasard, il s'est produit tel autre phénomène ». Assurément, il ne s'agit pas là de science, car la science, par définition, se doit d'expliquer la cause originelle.

Même si les savants parvenaient à créer une imitation de ce qui existe déjà dans la nature, quel serait leur mérite ? C'est au créateur originel, à Dieu, que nous devons rendre gloire ; voilà notre philosophie.

Dr. Singh : En général, lorsqu'un savant découvre une loi de la nature, il lui donne son nom.

Śrīla Prabhupāda : Précisément. Ces hypocrites veulent s'attribuer le mérite de phénomènes qui existent déjà dans la nature.

La gérontologie : une prolongation de la souffrance

. . . . . .

Dr. Singh : Les scientifiques matérialistes engagent une véritable lutte contre les lois de la nature, mais souvent ils prennent plaisir à cette lutte.

Śrīla Prabhupāda : Comme des enfants ! Les enfants prennent ainsi plaisir à construire pendant des heures un château de sable voué à la destruction, mais un homme mûr ne saurait s'amuser à des jeux aussi puérils. Les matérialistes ont créé toute une fausse conception du bonheur. Malgré leurs efforts prodigieux pour construire une civilisation axée sur le confort matériel, celle-ci demeure illusoire car ils ne sont pas en mesure d'en profiter. À tout moment, en effet, chacun peut être jeté hors de son nid douillet par la mort cruelle.

Dr. Singh : Du fait que nous ne puissions vivre éternellement ici-bas, ils disent que l'œuvre de Dieu n'est pas complète.

Śrīla Prabhupāda : Mais Dieu leur a donné tout ce dont ils ont besoin pour vivre paisiblement et parvenir à Le connaître. Alors, pourquoi ne s'interrogent-ils pas au sujet de Dieu ? Pourquoi agissent-ils, au contraire, de façon à oublier Dieu ?

Dr. Singh : Les hommes de science ont maintenant créé une autre spécialité dans le domaine de la médecine : la gérontologie. Ils étudient par là le moyen de prolonger l'existence.

Śrīla Prabhupāda : Leur véritable but devrait plutôt être de mettre un terme définitif à la souffrance. Supposez que les médecins prolongent l'existence d'un vieillard atteint de plusieurs maladies et qui souffre le martyre. À quoi cela servira-t-il ?

Dr. Singh : C'est souvent ce qu'ils font lorsqu'ils procèdent à une greffe de cœur.

Śrīla Prabhupāda : C'est stupide. Qu'ils arrêtent donc la mort, qu'ils éliminent une fois pour toute la maladie, voilà qui représenterait un succès méritoire. Mais ils en sont incapables, et c'est pourquoi j'affirme que tous leurs travaux scientifiques se résument à une simple lutte pour l'existence. Kṛṣṇa enseigne dans la *Bhagavad-gītā* (15.7) :

mamaivāṁśo jīva-loke
jīva-bhūtaḥ sanātanaḥ
manaḥ-ṣaṣṭhānīndriyāṇi
prakṛti-sthāni karṣati

« Les êtres, dans le monde des conditions, sont des fragments éternels de Ma Personne. Mais parce qu'ils sont conditionnés, ils luttent avec acharnement contre les six sens, et parmi eux, le mental. »

Un disciple : Le monde doit aujourd'hui faire face à la crise du pétrole.

Śrīla Prabhupāda : Oui, nous avons construit une civilisation qui dépend du pétrole, ce qui va à l'encontre des lois de la nature, et c'est pourquoi il en résulte maintenant une pénurie. Leur erreur vient de ce qu'ils se croient devenus les maîtres de la nature ; mais l'homme peut-il inverser le cours des saisons tel que les lois de la nature l'ont établi ? Dans la *Bhagavad-gītā,* Kṛṣṇa nous enseigne que l'être distinct croit être l'auteur de ses actes, alors qu'en réalité, ils sont accomplis par la nature matérielle. Regardez le soleil qui monte à l'horizon. Ont-ils le pouvoir d'empêcher le jour de se lever ? Et lorsque vient la nuit, peuvent-ils ordonner au soleil d'apparaître ? Ils ne réalisent pas que s'ils désirent réellement dominer la nature, ils devraient s'efforcer de vaincre à tout jamais le cycle de la naissance, de la maladie, de la vieillesse et de la mort. Dans la *Bhagavad-gītā* (7.14), Kṛṣṇa enseigne :

daivī hy eṣā guṇamayī
mama māyā duratyayā
mām eva ye prapadyante
māyām etāṁ taranti te

« L'énergie que constituent les trois *guṇas,* cette énergie divine, la Mienne, est extrêmement difficile à surmonter. Mais qui s'abandonne à Moi en franchit facilement les limites. »

Dr. Singh : Il semble donc très difficile de surmonter les lois de la nature.

Śrīla Prabhupāda : Pour les matérialistes, c'est impossible. Mais celui qui s'abandonne à Kṛṣṇa y parvient très facilement.

L'origine réelle des espèces

. . . . . .

Dr. Singh : Pour expliquer la variété des espèces vivantes, les hommes de science disent qu'à un certain moment de l'évolution, il se serait produit une erreur dans le processus de reproduction des gènes cellulaires – semblable à celle que commet parfois une presse dans la reproduction des caractères d'imprimerie. Dans certains cas, ces erreurs, ou mutations, auraient persisté, et cette différenciation des gènes aurait ainsi conduit à la formation des différentes espèces vivantes.

Śrīla Prabhupāda : Mais cette « erreur » dure depuis des temps immémoriaux, car toutes les espèces vivantes ont existé de tout temps. Il s'agit donc d'une « erreur » éternelle. Or, une erreur permanente n'en est plus une ; il faut plutôt y voir la manifestation d'une intelligence !

Dr. Singh : Les hommes de science disent que s'il n'y avait pas eu de mutations, il n'existerait dans l'univers qu'une seule sorte d'être vivant.

Śrīla Prabhupāda : Non. Chaque être vivant possède un mental différent, et c'est la raison pour laquelle il existe tant d'espèces différentes au sein de la matière. Cette variété permet aux diverses mentalités de s'exprimer. Nous croisons de nombreuses personnes au cours de nos promenades, mais aucune d'elles ne vient se joindre à nous, car leur mentalité diffère de la nôtre. Comment expliquer cette différence ?

Dr. Singh : Peut-être s'agit-il d'une erreur.

Śrīla Prabhupāda : Absolument pas. Cela reflète simplement leurs désirs ; et au moment de la mort, chacun obtiendra un nouveau corps qui correspondra parfaitement à ses désirs propres. Kṛṣṇa enseigne dans la *Bhagavad-gītā* (8.6) :

yaṁ yaṁ vāpi smaran bhāvaṁ
tyajaty ante kalevaram
taṁ tam evaiti kaunteya
sadā tad-bhāva-bhāvitaḥ

« Ce sont les pensées, les souvenirs de l'être à l'instant de quitter le corps, qui déterminent sa condition future. »

Votre prochain corps dépend donc de ce à quoi vous penserez au moment de la mort. C'est la nature matérielle qui vous donnera ce corps. La décision n'est pas entre vos mains ; elle appartient à la nature, et celle-ci agit sous la direction de Dieu.

Dr. Singh : Mais la science semble être à même de prouver que diverses espèces vivantes apparaissent effectivement par erreur.

Śrīla Prabhupāda : L'erreur vient d'eux seuls ! Il n'y a aucune erreur dans les lois de la nature. Dans les trains, par exemple, il existe différentes classes, et si, par erreur, vous vous rendez en première classe alors que vous avez acheté un billet de seconde classe, il ne vous sera pas permis d'y rester. Le fait qu'il existe différents compartiments n'a rien d'une erreur ; au contraire, c'est prévu comme cela. Mais c'est *vous* qui avez commis une erreur en vous trompant de voiture. Ainsi Dieu fait-Il preuve d'une telle perspicacité qu'Il connaît d'avance toutes les erreurs possibles, et selon celle que vous commettez, vous devrez habiter un type de corps particulier déjà prêt à vous accueillir. Il existe 8 400 000 formes de vie, et, avec une précision mathématique, la nature assigne à chacun le corps qu'il doit revêtir. Un autre exemple : lorsqu'une nouvelle ville se crée, l'État fait parfois construire une prison avant même que la ville ne soit achevée, sachant parfaitement que de nombreux malfaiteurs devront, pour sûr, y être incarcérés. L'erreur ne vient pas du gouvernement, mais plutôt des malfaiteurs ; leurs méfaits les conduisent en prison, et ce sont donc bien *eux* qui commettent l'erreur.

Pareillement, il ne saurait y avoir d'erreur dans la nature. Kṛṣṇa dit Lui-même : « La nature matérielle agit sous Ma direction, ô fils de Kuntī, sous Ma direction elle engendre tous les êtres mobiles, et immobiles. » (*Bhagavad-gītā,* 9.10)

Comment la nature pourrait-elle commettre des erreurs puisque c'est Kṛṣṇa, Dieu Lui-même, qui la gouverne ? Par contre, nous commettons des erreurs, nous sommes sujets à l'illusion, nos sens sont imparfaits et nous avons tendance à tromper autrui. Voilà ce qui distingue les hommes de Dieu. Dieu n'a pas ces imperfections. Il est parfait.

Des animaux heureux

. . . . . .

Dr. Wolf-Rottkay : Si nos sens sont défectueux, les instruments qui nous servent à accroître le pouvoir de nos sens doivent, eux aussi, être défectueux.
Dr. Singh : C'est le cas des microscopes, par exemple.
Śrīla Prabhupāda : Par définition, l'existence matérielle en elle-même est défectueuse. Avec un savoir déficient et des sens imparfaits, tout ce que nous fabriquons doit logiquement s'avérer défectueux.
Dr. Singh : Même si les hommes de science inventaient un microscope parfait, ils devraient néanmoins en faire usage avec leurs sens imparfaits.
Śrīla Prabhupāda : Exactement. Voilà pourquoi nous affirmons que les théories des hommes de science sont défectueuses.
Dr. Singh : Pourtant, ils semblent bien s'y complaire.
Śrīla Prabhupāda : L'âne aussi est heureux, heureux de porter le fardeau que son maître place sur son dos. Tout le monde semble satisfait ; même un ver qui se tortille dans les excréments. C'est ainsi que le veut la loi de la nature.

Quinzième entretien

. . . .

Los Angeles, décembre 1973

Des yeux pour voir Dieu

. . . . . .

Un disciple : Pendant les cent cinquante dernières années, l'un des problèmes majeurs auquel les théologiens occidentaux ont dû faire face a été de faire le rapport entre la foi et la raison, de comprendre la foi par le raisonnement. Certains ont foi en Dieu, mais la raison leur fait dire que Dieu n'existe pas. Selon eux, lorsque nous offrons de la nourriture au Seigneur, la foi seule nous fait penser qu'Il l'accepte, puisque nous ne pouvons Le voir.

Śrīla Prabhupāda : Ils ne voient pas Dieu, mais *moi* si ; voilà pourquoi je Lui offre du *prasāda.* Et puisqu'ils ne peuvent pas Le voir, ils devront venir à celui qui peut leur ouvrir les yeux. Ils sont aveugles, tout comme s'ils souffraient de la cataracte, mais lorsqu'ils auront été opérés, ils recouvreront la vue. Voilà notre but.

Un disciple : Les hommes de science disent que l'objectivité repose seulement sur ce qu'ils peuvent observer avec leurs sens.

Śrīla Prabhupāda : Oui, mais leur perception sensorielle est très imparfaite. Leurs sens leur permettent d'avoir une perception directe du sable de cette plage et de la mer, mais peuvent-ils voir qui les a créés ?

Un disciple : Pour les hommes de science, si le sable et la mer ont été créés par Dieu, nous devrions être en mesure de Le voir, tout comme nous voyons le sable et la mer.

Śrīla Prabhupāda : Il est très possible de voir Dieu, mais ils devront acquérir les yeux pour Le voir, car présentement, ils sont aveugles. Voilà pourquoi ils doivent me consulter pour se faire soigner. Les *śāstras* enseignent, en effet, qu'il faut approcher un *guru* si l'on veut réaliser Dieu. Comment pourraient-ils voir Dieu avec leur cécité ?

Un disciple : Mais cette vision divine relève du surnaturel, et les hommes de science ne reconnaissent que la vision matérielle.

Śrīla Prabhupāda : Tout est surnaturel. En regardant le ciel, par exemple, vous pouvez avoir l'impression qu'il est vide, mais en réalité vos yeux vous trompent. L'espace est constellé d'innombrables planètes que votre vision limitée vous empêche de voir. Par conséquent, vous devez me croire sur parole lorsque je vous dis que le ciel est rempli d'étoiles.

Que vous ne puissiez les voir n'enlève rien au fait qu'elles existent bel et bien ; seule la déficience de vos sens vous amène à penser que l'espace est vide.

Un disciple : Les hommes de science veulent bien admettre leur ignorance dans certains domaines, mais ils refusent d'accepter ce qu'ils ne peuvent pas voir.

Śrīla Prabhupāda : S'ils sont dans l'ignorance, ils doivent accepter la connaissance qui leur est donnée par une personne qui, elle, connaît la vérité.

Un disciple : Ils diront alors : « Mais si ce qu'on nous enseigne est faux ? »

Śrīla Prabhupāda : Ce sera leur infortune. Puisque leurs sens imparfaits sont incapables de percevoir Dieu, ils doivent recevoir cette connaissance d'une autorité spirituelle. Mais s'ils approchent un escroc au lieu d'un maître authentique, c'est là leur infortune. Il reste néanmoins que lorsque vos sens s'avèrent impuissants, vous devez chercher à connaître les faits auprès d'une autorité compétente.

La frustration des athées

. . . . . .

Dr. Singh : Le problème avec les athées, c'est que vous ne pouvez pas leur prouver l'existence de Dieu.
Śrīla Prabhupāda : Les athées sont des crapules. Instruisons plutôt les autres – ceux qui sont raisonnables. Tout a été fait par *quelqu'un* – le sable, l'eau, le ciel... – et la conscience de Kṛṣṇa consiste à apprendre qui est ce *quelqu'un*.
Dr. Singh : Les hommes de science vous diront : « Montrez-Le moi que je puisse Le voir. »
Śrīla Prabhupāda : Et je leur réponds : « Je veux bien vous Le présenter, mais vous devez accepter de suivre la voie que je vais vous indiquer. » Il faut développer les qualités requises pour voir cet Être Suprême. Si un aveugle refuse de consulter un médecin, comment pourra-t-il guérir et recouvrer la vue ? Il doit se faire soigner ; c'est une nécessité absolue.
Un disciple : Cette démarche requiert une certaine foi.
Śrīla Prabhupāda : Oui, mais pas une foi aveugle – une foi pratique et sensée, fondée sur l'expérimentation. Pour apprendre quoi que ce soit, il faut approcher un maître en la matière. Il ne s'agit pas là de foi aveugle, mais de foi pratique, liée à la réalité. Par vous-même, vous ne pouvez rien apprendre.
Un disciple : Une personne véritablement sincère est-elle assurée de rencontrer un *guru* authentique ?

Śrīla Prabhupāda : Certainement. *Guru-kṛṣṇa-prasāde pāya bhakti-latā-bīja.* Kṛṣṇa est dans votre cœur, et dès qu'Il perçoit votre sincérité, Il vous conduit vers un maître spirituel authentique.

Un disciple : Celui qui n'est pas réellement sincère s'attachera donc à un charlatan.

Śrīla Prabhupāda : Kṛṣṇa comblera ses désirs. Dieu possède une intelligence parfaite, et si vous êtes malhonnête, Lui saura vous tromper à la perfection, en vous dirigeant vers un charlatan. Mais si vous faites réellement preuve de sincérité, Il vous guidera alors vers un maître spirituel authentique. Dans la *Bhagavad-gītā* (15.15), Kṛṣṇa enseigne : *sarvasya cāhaṁ hṛdi sanniviṣṭho mattaḥ smṛtir jñānam apohanaṁ ca* – « Je Me tiens dans le cœur de chaque être et de Moi viennent le souvenir, le savoir et l'oubli. » Kṛṣṇa affirme donc qu'Il accorde le souvenir, mais aussi l'oubli, et si vous êtes malhonnête, Kṛṣṇa vous donnera « l'intelligence » qu'il vous faudra pour L'oublier à tout jamais.

Un disciple : Mais les athées sont en position de force. Ce sont eux qui règnent dans la société.

Śrīla Prabhupāda : D'un seul coup, *māyā* peut mettre fin à leur prétendue suprématie. Voilà bien le jeu de *māyā :* les athées sont assujettis aux lois de la nature, mais sous l'influence de *māyā,* de l'illusion, ils se croient libres.

moghāśā mogha-karmāṇo
mogha-jñānā vicetasaḥ
rākṣasīm āsurīṁ caiva
prakṛtiṁ mohinīṁ śritāḥ

« Ainsi égarés, ils chérissent des vues démoniaques et athées. Vains sont leurs espoirs de libération, vains leurs actes intéressés, vaine leur aspiration au savoir. » (*Bhagavad-gītā,* 9.12) Parce qu'ils se trouvent plongés dans la confusion, tous leurs espoirs sont frustrés ; Kṛṣṇa l'affirme dans ce verset de la *Bhagavad-gītā,* et il en va ainsi dans la réalité, comme nous pouvons le constater chaque jour. Pourtant, malgré tant d'échecs, ils prétendent quand même pouvoir dominer la nature.

Dr. Singh : C'est qu'ils ne veulent pas admettre leurs erreurs.

Les hommes de science vont en enfer la tête haute

Śrīla Prabhupāda : Un homme sensé et honnête saura reconnaître la valeur d'un bon conseil, mais un homme malhonnête s'y refusera toujours. L'histoire de Kalidāsa, aussi grand poète qu'il était retors, illustre bien ce fait. Un jour, ce Kalidāsa entreprit de scier une branche d'un arbre, et pour ce faire, il s'assit sur cette même branche. Or, comme un passant lui faisait remarquer qu'il allait tomber avec la branche, Kalidāsa lui répondit : « Non, non, je ne tomberai pas. » Et il continua de scier sa branche – laquelle, bien entendu, l'entraîna finalement dans sa chute. Un bel exemple de mauvaise foi. Or, c'est ainsi que réagissent les hommes de science lorsqu'on les prévient que leur soi-disant progrès scientifique les conduit tout droit en enfer. Lorsqu'on veut leur expliquer que tous leurs desseins matérialistes sont inutiles et voués à l'échec, ils ne veulent rien entendre. Ils ne font que mâcher constamment le déjà mâché. Où qu'ils se trouvent – chez eux, dans la rue, dans les boîtes de nuit, au cinéma – ils ne trouvent de plaisir que dans le sexe, sous l'une ou l'autre de ses formes.

Un disciple : Beaucoup diraient que cela dénote un certain courage.

Śrīla Prabhupāda : Oui, le courage d'insensés qui vont bravement en enfer. C'est comme ce fugitif qui se fait interpeller par l'homme qui le poursuit : « Pourquoi t'enfuis-tu ? Aurais-tu peur de moi ? » Et notre homme de répondre : « Mais si j'ai envie de courir, pourquoi m'arrêterais-je ? Je n'ai pas peur de toi. » Voilà exactement le genre de courage qui conduit les matérialistes en enfer. « Pourquoi devrions-nous arrêter nos actes coupables ? » disent-ils, « Nous en assumerons courageusement toutes les conséquences. »

Dr. Singh : Ils ont complètement perdu la raison.

Śrīla Prabhupāda : Les *Vedas* disent que lorsqu'un homme devient fou ou qu'il est habité par un mauvais esprit, il profère toutes sortes d'insanités. Pareillement, quiconque tombe sous l'influence de l'énergie matérielle se voit frappé de folie et ne dit plus que des sottises. Les hommes de science n'ont pas de connaissances scientifiques réelles au sens ultime du mot, mais ils maîtrisent néanmoins l'art de jongler avec les mots et de tromper autrui.

Télévision surnaturelle

. . . . . .

Dr. Singh : Pourtant, ils ont découvert toutes sortes de choses : le téléphone, la télévision, les avions, les fusées et nombre d'autres inventions.

Śrīla Prabhupāda : Mais il existe des téléphones beaucoup plus perfectionnés dont ils ignorent même l'existence. Dans la *Bhagavad-gītā,* par exemple, Sañjaya qui est demeuré auprès de Dhṛtarāṣṭra, son roi, lui révèle tous les événements qui se déroulent alors sur le champ de bataille de Kurukṣetra. Le pouvoir de Sañjaya dépassait donc celui du téléphone. Il s'agissait en quelque sorte d'une télévision surnaturelle, une télévision qu'il aurait eue en lui-même et qui lui aurait permis de suivre le déroulement de la bataille très loin de cet endroit, sans quitter le palais royal. « Comment vont mes fils et mes neveux ? » lui demande Dhṛtarāṣṭra, « Que font-ils donc ? » et Sañjaya se met alors à lui dépeindre ce qu'ils font, ce qu'ils disent. Bien qu'il ne puisse pas observer ces événements avec les yeux de son corps, car ils survenaient en un lieu fort éloigné de l'endroit où il se trouvait, Sañjaya put néanmoins les visualiser grâce à son pouvoir surnaturel. Voilà une vraie science.

Dr. Singh : Certains hommes de science disent qu'ils ont surpassé la nature en améliorant le mode de vie des gens avec des inventions comme la matière plastique.

Śrīla Prabhupāda : Vraiment ! Dans les temps védiques, les gens mangeaient dans des assiettes en or et en argent, mais aujourd'hui, grâce aux savants, on peut enfin manger dans des assiettes en plastique.

Dr. Singh : Cela crée d'ailleurs un grave problème car ils ignorent comment se débarrasser des déchets en plastique, qui ne font que s'accumuler.

La preuve est là

. . . . . .

Dr. Wolf Rottkay : Les matérialistes seraient plus sincères s'ils disaient : « Laissez-nous rêver. Nous voulons continuer à courir après les plaisirs matériels avec toutes nos machines. » Mais ils ne voudront jamais admettre que toutes leurs tentatives de bonheur n'aboutissent qu'à des échecs.

Śrīla Prabhupāda : Un jour ou l'autre, il faudra pourtant bien qu'ils l'admettent.

Dr. Wolf Rottkay : Mais ils persistent à vouloir encore essayer.

Śrīla Prabhupāda : À quoi cela rime-t-il ? Supposez que vous soyez atteint de la cataracte : vous aurez beau essayer de voir, et réessayer encore et encore, vous ne guérirez jamais ainsi. Vous devez consulter un médecin qui vous opérera. C'est ainsi que vous retrouverez la vue, et non en vous obstinant à essayer de voir tout en demeurant malade.

Dr. Wolf-Rottkay : Voilà précisément ce qu'ils ne veulent pas reconnaître – que tous leurs efforts pour connaître la vérité à travers la science matérielle ont échoué.

Un disciple : Un bibliothécaire voulait que je lui prouve que la *Bhagavad-gītā* avait bien 5 000 ans. Il m'a même demandé de lui montrer une copie qui aurait été écrite à cette époque !

Śrīla Prabhupāda : Supposez que je demande à une personne qui vit dans une pièce obscure de sortir pour voir le jour et qu'elle me rétorque : « Prouvez-moi d'abord qu'il y a de la lumière, je sortirai après. » J'essayerai alors de la convaincre en lui expliquant qu'elle n'a qu'à sortir pour se rendre compte par elle-même, mais si elle refuse de faire cet effort, elle demeurera simplement dans l'ignorance, sous prétexte qu'elle n'a aucune preuve. Il suffit que vous lisiez la *Bhagavad-gītā* pour que tout s'éclaire. Venez voir, la preuve est là.

Seizième entretien

. . . .

Los Angeles, décembre 1973

La signification du « Suprême »

Śrīla Prabhupāda : Sur quoi repose la suprématie en ce monde matériel ? Pourquoi reconnaissez-vous le président pour chef suprême dans votre pays ?
Dr. Singh : Parce qu'il détient le pouvoir.
Śrīla Prabhupāda : Oui, mais pourquoi est-il l'autorité suprême ? Parce que sa fonction au sein du gouvernement lui vaut d'avoir le plus haut salaire, de bénéficier de tous les avantages, et c'est à lui que revient la décision finale en toute chose.
Dr. Singh : Il a aussi le pouvoir de convaincre autrui.
Śrīla Prabhupāda : Non, pas nécessairement. Vous pouvez ne pas être d'accord avec lui, mais parce qu'il est l'autorité suprême, vous devez lui obéir. De par sa position même, il n'a pas à dépendre de votre acquiescement ou de votre refus, et c'est bien là ce qu'on entend par suprématie. Les Écritures védiques disent que celui qui détient la suprématie est très fortuné. Or, d'entre tous les êtres fortunés, Dieu est certes le plus grand. *Lakṣmī-sahasra-śata-sambhrama-sevyamānam* – « Des centaines et des milliers de déesses de la fortune, ou *lakṣmīs*[19], Le servent à jamais. » (*Brahma-saṁhitā,* 5.29) Si les hommes ici-bas implorent la déesse de la fortune pour obtenir d'elle la moindre faveur, Kṛṣṇa, Lui, reçoit l'adoration de milliers de déesses de la fortune.
Dr. Singh : Notre intelligence ne nous permet pas de concevoir quelqu'un d'aussi grand que Lui.

Śrīla Prabhupāda : Voilà pourquoi Kṛṣṇa est qualifié d'*acintya,* d'inconcevable. Nul ne peut estimer Sa grandeur. *Acintya* se traduit par « ce que nul ne peut concevoir ». À travers ce monde matériel, qui n'est qu'une partie de la manifestation des puissances divines, nous ne voyons qu'une fraction de la grandeur de Dieu. Le Seigneur Suprême possède d'innombrables puissances ; certaines sont dites inférieures et d'autres supérieures. Dans la *Bhagavad-gītā* (7.4), Kṛṣṇa enseigne :

bhūmir āpo 'nalo vāyuḥ
khaṁ mano buddhir eva ca
ahaṅkāra itīyaṁ me
bhinnā prakṛtir aṣṭadhā

« Terre, eau, feu, air, éther, mental, intelligence et faux ego, ces huit éléments, distincts de Moi, constituent Mon énergie inférieure. » Dans le verset qui suit celui-ci, Kṛṣṇa décrit Son énergie supérieure *(parā-prakṛti),* représentée par le monde spirituel. Sachant cela, si l'énergie matérielle, inférieure, recèle tant de merveilles, vous pouvez imaginer combien plus merveilleux et prodigieux doit être le monde spirituel. Voilà ce qu'il faut entendre par *supérieur.*

Mystérieux pouvoirs surnaturels

Hṛdayānanda Gosvāmī : Toutes les espèces vivantes que nous pouvons voir sur Terre existent-elles dans le monde spirituel ?
Śrīla Prabhupāda : Oui. Et de plus, si l'énergie inférieure

abrite une telle variété d'espèces merveilleuses, vous devez vous douter que les espèces qui peuplent le monde spirituel sont infiniment supérieures. Même dans l'univers matériel, vous trouverez certains êtres beaucoup plus évolués que d'autres, selon la planète qu'ils habitent. Sur Terre, par exemple, les gens pratiquent le yoga afin d'obtenir des pouvoirs surnaturels ; mais les habitants de la planète nommée Siddhaloka possèdent naturellement ces étonnants pouvoirs yogiques. Si, sur Terre, nous sommes incapables de voler comme les oiseaux à moins d'utiliser des avions à des prix exhorbitants, les habitants de Siddhaloka peuvent, eux, se rendre à volonté d'une planète à une autre par la voie des airs, et sans l'aide d'aucun engin. Il existe cependant, ici, certains yogis qui peuvent simultanément faire leurs ablutions matinales en quatre endroits différents – Jagannātha Purī, Rāmeśvara, Hardwar et Dvārakā[20]. Lorsque nous habitions à Calcutta, mon père s'était lié d'amitié avec un yogi qui venait parfois nous rendre visite. Ce yogi raconta à mon père qu'il lui suffisait de s'asseoir auprès de son guru et de le toucher pour se retrouver deux minutes plus tard à Dvārakā. Comparés à ces pouvoirs yogiques, les avions d'aujourd'hui n'ont rien d'extraordinaire. En une année, Durvāsā Muni parcourut l'univers tout entier et se rendit même jusqu'à Vaikuṇṭha[21]. Or, selon les connaissances actuelles, certaines planètes de notre univers se trouvent à plus de quarante mille années-lumière de la Terre, et il faudrait donc voyager quarante mille ans à la vitesse de la lumière pour les atteindre. Même s'ils disposaient d'engins aussi rapides, les astronautes ne pourraient jamais vivre si longtemps. Pourquoi sont-ils donc si fiers ?

Un soleil artificiel

. . . .

Śrīla Prabhupāda : Les théories actuelles de la science présentent de nombreuses failles et elles se trouvent démenties par les *Vedas*.

Dr. Singh : Mais les hommes de science prétendent qu'ils peuvent prouver leurs théories.

Śrīla Prabhupāda : Ils pensent pouvoir tout prouver grâce à la science. Tout cela n'est qu'ineptie. Connaissent-ils seulement leur propre identité ? Savent-ils pourquoi ils doivent mourir ? Voilà pour eux autant de mystères.

Dr. Singh : Ils sont capables de faire une maquette de l'univers, et des modèles réduits des planètes et de la Lune.

Śrīla Prabhupāda : Puisqu'ils peuvent faire une maquette de l'univers, pourquoi ne créent-ils pas une réplique du Soleil ? Au moins, nous n'aurions pas besoin de dépenser de l'électricité pendant la nuit. Mais il ne s'agit là que de belles paroles qui leur permettent d'exploiter les contribuables. Si vraiment ils connaissent la constitution de la Lune et celle du Soleil, pourquoi n'en font-ils pas une reproduction ? S'ils pouvaient créer un soleil artificiel, ils sauveraient du froid les habitants de l'Islande et du Groenland.

Dieu n'est pas néant

. . . .

Śrīla Prabhupāda : Le Seigneur Caitanya a comparé Dieu, la Personne Suprême, à une pierre philosophale, appelée *cintāmaṇi,* qui peut d'elle-même produire d'autres pierres précieuses, tout en demeurant inchangée.

oṁ pūrṇam adaḥ pūrṇam idaṁ
pūrṇāt pūrṇam udacyate
pūrṇasya pūrṇam ādāya
pūrṇam evāvaśiṣyate

(*Śrī Īśopaniṣad,* Invocation)

Cette invocation, tirée de la *Śrī Īśopaniṣad,* révèle que Dieu, la Personne Suprême, demeure le Tout complet bien que tout émane de Lui ; jamais Il ne perd de Sa puissance. Sur Terre, par exemple, nous devons faire face au grave problème de l'épuisement des sources d'énergie – tel celui des nappes pétrolifères – mais le soleil, lui, est une intarissable source d'énergie. De plus, Kṛṣṇa peut créer des millions de soleils, et c'est précisément ce qu'Il a déjà fait. Mais Lui conserve toujours Sa toute-puissance, car Il est Dieu et Son énergie, l'*acintya-śakti,* est suprême, inconcevable.

Si nous disposons d'une certaine somme d'argent à dépenser, très vite, il n'en restera plus rien. Ainsi les mécréants disent-ils qu'en dernière analyse la Vérité ultime s'identifie au néant, au vide, ou *śūnyavāda.* Ils ignorent que Dieu est, et demeurera toujours, une réalité positive. Nous devons donc avoir un clair entendement de la nature de Dieu. Et pour cela, les théologiens devraient étudier les Écritures védiques qui offrent des descriptions détaillées de la Personne même de Dieu ainsi que de Ses diverses énergies, et ne pas se laisser fourvoyer par des mécréants et des insensés. Notre énergie s'épuise, mais jamais celle de Dieu : voilà ce qui nous distingue de Lui.

Si par exemple, je ne peux plus marcher très vite, c'est que j'ai perdu la vigueur que je possédais dans ma jeunesse, mais Dieu, Lui, conserve à jamais Son ardeur juvénile. *Advaitam acyutam anādim ananta-rūpam ādyaṁ purāṇa-puruṣam nava-yauvanaṁ ca* – « Kṛṣṇa, le Seigneur Suprême, est absolu, infaillible et sans commencement. Il Se déploie en d'innombrables formes, et bien qu'Il soit la Personne originelle, le plus vieux d'entre les êtres, Ses traits gardent toujours la fraîcheur de la jeunesse. » (*Brahma-saṁhitā*, 5.33) Kṛṣṇa enseigne également dans la *Bhagavad-gītā : īśvaraḥ sarva-bhūtānāṁ hṛd-deśe 'rjuna tiṣṭhati* – « Le Seigneur Suprême Se tient dans le cœur de tous les êtres. » Et bien qu'Il Se trouve également dans chaque atome, Dieu n'en est pas moins unique, car Il est *advaita,* au-delà de toutes dualités. Ce qui revient à dire que Dieu habite mon cœur comme le vôtre mais tout en conservant à jamais Son unicité. Dieu révèle Son omniprésence à travers Sa manifestation impersonnelle, et Se trouve personnellement présent en chaque être et en chaque atome ; mais Il demeure unique et sans second.

La nature absolue de l'amour de Kṛṣṇa

. . . . . .

Dr. Singh : Śrīla Prabhupāda, certains ouvrages théologiques occidentaux professent que Dieu est amour.

Śrīla Prabhupāda : Dieu est tout. Pourquoi L'identifier à ceci plutôt qu'à cela ? Dieu est absolu : il ne saurait exister de différence entre Son amour et Son courroux, alors que dans le monde matériel ces deux sentiments s'opposent diamétralement. Voilà pourquoi on Le dit *acintya,* inconcevable. L'amour de Dieu pour les *gopīs*[22] et Son hostilité envers Kaṁsa[23] portèrent le même fruit : tous retrouvèrent le monde spirituel. Autre exemple : celui de Pūtanā[24], qui voulait empoisonner Kṛṣṇa, et de Mère Yaśodā, qui, elle, veillait sans cesse sur Kṛṣṇa, craignant toujours que l'enfant espiègle ne soit en danger. Or, toutes deux obtinrent la même grâce, et ce, malgré leurs natures opposées, car Kṛṣṇa estima qu'Il devait également considérer Pūtanā comme Sa mère puisqu'elle Lui avait fait téter son sein. Aussi lui accorda-t-Il d'atteindre la même destination que Yaśodā. Telle est la nature absolue de l'amour et de l'hostilité exprimés par Kṛṣṇa. « Les doctes et sages spiritualistes qui connaissent la Vérité Absolue, nomment cette substance unique, au-delà de toutes dualités, du nom de Brahman, Paramātmā ou Bhagavān. » (*Śrīmad-Bhāgavatam*, 1.2.11) Dieu possède un aspect impersonnel et omniprésent, le Brahman, et un aspect dit localisé, le Paramātmā. Mais Sa manifestation originelle, personnelle, Se nomme Bhagavān, la forme spirituelle et absolue du Seigneur Suprême. Et parce que ces trois aspects se distinguent tout en participant d'une même et unique substance, Dieu est dit *acintya-bhedābheda-tattva* – simultanément un et différent. Celui qui accède à la conception personnelle de Bhagavān atteint naturellement la réalisation du Brahman et du Paramātmā. Il s'agit toujours de Kṛṣṇa, mais ces trois réalisations demeurent toutefois différentes – à la fois identiques et différentes.

Recevoir la connaissance d'une âme réalisée

. . . . . .

Dr. Singh : Beaucoup de gens ont du mal à accepter le concept de Dieu.

Śrīla Prabhupāda : Ils souffrent de la maladie matérielle, mais refusent de se faire soigner. Tous ceux qui n'ont pas conscience de Dieu sont malades. Sous la puissante influence de l'énergie illusoire – l'énergie matérielle, inférieure – ils ne profèrent plus que des inepties. Il est absolument nécessaire d'approcher un sage qui possède véritablement le savoir. Vous devez découvrir une telle personne, un guru, et vous abandonner à lui. Puis, vous devrez l'interroger et accepter ses réponses. Telle est la voie qui permet de connaître Dieu. Cherchez d'abord le guru, et lorsque vous aurez su le satisfaire par votre attitude de service et votre abandon, celui-ci vous révélera toutes choses. Kṛṣṇa Lui-même enseigne dans la *Bhagavad-gītā* (4.34).

tad viddhi praṇipātena
paripraśnena sevayā
upadekṣyanti te jñānaṁ
jñāninas tattva-darśinaḥ

« Cherche à connaître la vérité en approchant un maître spirituel. Enquiers-toi d'elle auprès de lui avec soumission, tout en le servant. L'âme réalisée peut te révéler le savoir, car elle a vu la vérité. »

Appendice

Notes

. . . . . .

1. La connaissance védique fut à l'origine transmise sous la forme d'un *Veda* unique. Voici environ cinq mille ans, le sage Vyāsadeva, manifestation divine investie de pouvoirs, le divisa en quatre *Vedas* (le *Ṛg,* le *Yajur,* le *Sāma* et l'*Atharva*) afin que les hommes de moindre intelligence puissent en comprendre l'enseignement. Vyāsadeva entreprit également de développer les *Vedas* en y ajoutant dix-huit *Purāṇas* ainsi que le *Mahābhārata,* et il résuma toutes les Écritures védiques dans le *Vedānta-sūtra.* Comme il demeurait insatisfait, malgré l'œuvre colossale qu'il avait ainsi compilée, Nārada Muni, son maître spirituel, lui suggéra d'écrire le *Śrīmad-Bhāgavatam,* lequel forme « le fruit mûr de l'arbre du savoir védique. »

2. La *Bhagavad-gītā,* qui est inclue dans le *Mahābhārata* de Vyāsadeva, est reconnue dans le monde entier comme étant l'essence du savoir védique. Elle rapporte les enseignements sacrés qui furent transmis par Śrī Kṛṣṇa, Dieu, la Personne Suprême, à Arjuna, Son dévot et ami intime, sur le champ de bataille de Kurukṣetra. Au cours de cet entretien, Srī Kṛṣṇa décrit avec une précision scientifique la voie parfaite menant à la réalisation spirituelle dans l'ère obscure où nous vivons, règne de la discorde et de l'hypocrisie.

Originellement écrite en sanskrit, la *Bhagavad-gītā* a maintenant été publiée dans presque toutes les langues, mais la *Bhagavad-gītā telle qu'elle est,* de Śrī Śrīmad A.C. Bhaktivedanta Swāmī Prabhupāda, représente la première édition traduite et commentée par un pur dévot de Dieu appartenant à une authentique filiation spirituelle issue de Kṛṣṇa, le Seigneur en personne. La *Bhagavad-gītā telle qu'elle est* présente donc le message de Śrī Kṛṣṇa, sans la moindre déformation ou interprétation personnelle. Aussi est-ce la première traduction qui ait pu véritablement éveiller la conscience de Kṛṣṇa en ses lecteurs.

3. Le banian est un arbre sacré de l'Inde, de l'espèce du figuier *(Ficus religiosa)*. Les branches de cet arbre projettent des ramifications qui plongent dans le sol, y prennent racine et servent ainsi de support à la branche dont elles proviennent. Grâce à ce processus, un seul arbre peut se déployer jusqu'à couvrir une très vaste étendue.

4. Voir le *Śrīmad-Bhāgavatam,* 2.3.14.

Le *Śrīmad-Bhāgavatam* considère qu'un homme n'est véritablement parvenu au niveau de l'humain qu'à partir du moment où il se conforme aux commandements divins énoncés dans les Écritures sacrées, et se consacre à la réalisation spirituelle et à la quête de l'amour de Dieu tout en menant à bien ses activités de la vie quotidienne.

5. Cette expression évoque les vains efforts de celui qui mâcherait un vieux morceau de canne à sucre que quelqu'un aurait déjà mâché puis jeté. Voilà ce qu'on entend par « mâcher le déjà mâché ».

6. Dans la quête de la vérité, la voie ascendante, ou processus inductif, consiste à vouloir acquérir la connaissance à travers des spéculations intellectuelles reposant sur des observations personnelles. La voie descendante, elle, ou processus déductif, consiste à accepter tel

qu'il est l'enseignement transmis par une source autorisée.

7. Lorsque Śrīla Prabhupāda parle de son *guru mahārāja,* il fait allusion à son maître spirituel, Śrīla Bhaktisiddhānta Sarasvatī Gosvāmī Mahārāja.

8. Un *vaiṣṇava* est un dévot de Viṣṇu, autre nom de Dieu. La Forme originelle de Viṣṇu étant celle de Kṛṣṇa, tous les dévots de Kṛṣṇa sont donc des *vaiṣṇavas.*

9. Raghunātha Dāsa Gosvāmī fut l'un des principaux dévots de Śrī Kṛṣṇa Caitanya Mahāprabhu et contemporain de ce dernier. Il faisait partie du groupe des six Gosvāmīs de Vṛndāvana, auxquels fut confiée la tâche de perpétuer la mission du Seigneur Caitanya dans le monde entier. Issu d'une famille très riche, Raghunātha Dāsa Gosvāmī mena néanmoins une vie de grande austérité après avoir rencontré le Seigneur Caitanya.

10. Le mot *karma* se traduit par « action » et la loi du *karma* est le processus par lequel une autorité supérieure nous accorde ou nous fait subir les suites bonnes ou mauvaises de nos actes pieux ou coupables. La Bible ne dit-elle pas « Vous récolterez ce que vous avez semé. » ? Cette notion nous permet de comprendre que notre condition présente – que nous soyons riches ou pauvres, beaux ou laids, intelligents ou sots, français ou indiens – dépend entièrement des activités accomplies lors de nos vies antérieures.

En dernière analyse, tout *karma,* bon ou mauvais, est néfaste, car il nous enchaîne à ce monde matériel. Tandis que le service de dévotion offert à Kṛṣṇa est, lui, dénué de karma : il ne génère aucune conséquence matérielle, bonne ou mauvaise, mais un bénéfice spirituel éternel.

11. Les trois *guṇas* sont : *sattva-guṇa,* la vertu ; *raja-*

guṇa, la passion ; et *tama-guṇa,* l'ignorance. Ce sont les influences qu'exerce l'énergie matérielle illusoire sur les êtres et les choses. Elles déterminent entre autres choses, la façon d'être, de penser et d'agir de l'âme qu'elles conditionnent, en fonction de leurs innombrables interactions.

12. Les molécules d'ADN sont des éléments essentiels dans le processus de formation et de multiplication des cellules organiques, et de nombreux savants les considèrent comme la source même de la vie. Mais selon la science védique, nous devons bien faire la différence entre les constituants chimiques du corps (tels que l'ADN) et la source même de la vie, soit l'âme spirituelle.

13. Les *devas* sont des êtres plus évolués que les humains. Bien qu'ils aient sensiblement la même apparence physique que l'homme, ils font montre d'une intelligence et d'une beauté de beaucoup supérieures et possèdent des pouvoirs surnaturels extraordinaires. Dans cet univers, il existe trente-trois millions de *devas* qui gouvernent les divers phénomènes de la manifestation cosmique (tels que la chaleur, la lumière, l'eau, l'air, etc.).

14. Les reines étaient des êtres spirituels purs qui, d'entre les cinq formes d'amour unissant l'âme à Dieu, ressentaient pour Kṛṣṇa l'amour conjugal d'une épouse. Les cinq relations transcendantales sont : *śānta-rasa* (relation neutre), *dāsya-rasa* (relation de service), *sakhya-rasa* (relation d'amitié), *vātsalya-rasa* (relation d'amour parental), et *mādhurya-rasa* (relation d'amour conjugal).

15. D'entre tous les dévots de Kṛṣṇa, Rādhārāṇī, Sa compagne éternelle, est la plus élevée. Elle incarne l'énergie interne de Kṛṣṇa, Son énergie de félicité.

16. Le *brahmāstra* est une arme nucléaire subtile, qui

était parfois utilisée dans l'art militaire védique. On le lançait au moyen d'un *mantra,* une vibration sonore chargée de puissance, et il pouvait détruire sélectivement n'importe quel lointain objectif, petit ou grand, sans que rien ne soit touché autour de cette cible. Pour plus d'informations, voir le *Śrīmad-Bhāgavatam,* premier Chant, chapitre huit.

17. Vālmīki était un grand sage et érudit des temps védiques. Il est l'auteur du *Rāmāyaṇa,* l'un des plus importants récits historiques des *Vedas.*

18. Les Écritures védiques décrivent Śrī Caitanya Mahāprabhu comme la manifestation divine la plus miséricordieuse, car Il conféra librement l'amour de Dieu, sans considération de foi, de race ou de classe sociale. Il apparut au Bengale en 1486, et fut connu comme l'*avatāra* doré, du fait de Son merveilleux teint d'or. Il fut le principal artisan du Mouvement de *saṅkīrtana,* mouvement qui propage le chant du *mahā-mantra* – Hare Kṛṣṇa, Hare Kṛṣṇa, Kṛṣṇa Kṛṣṇa, Hare Hare / Hare Rāma, Hare Rāma, Rāma Rāma, Hare Hare.

19. Les *lakṣmis* sont les déesses de la fortune, les compagnes éternelles du Seigneur qui vit sur les planètes spirituelles Vaikunthas, sous Ses diverses formes divines de Nārāyana.

20. Ces quatre villes saintes de l'Inde se trouvent à des centaines de kilomètres les unes des autres.

21. *Vai* se traduit par « sans » et *kuṇṭha* par « angoisse ». Ainsi, Vaikuṇṭha, le royaume de Dieu, ignore-t-il toute angoisse. Les planètes Vaikuṇṭhas se trouvent dans le monde spirituel, bien au-delà des univers matériels, et tous les êtres qui y vivent jouissent d'un parfait savoir et d'une félicité éternelle, à travers le service de dévotion pur

qu'ils offrent à Viṣṇu, le Seigneur Suprême (forme de Kṛṣṇa).

22. Les *gopīs* sont les jeunes filles de Vṛndāvana, le village de pâtres où vécut Kṛṣṇa lors de Son apparition sur terre ; elles excellent au plus haut point dans leur amour pour Kṛṣṇa, et leur méditation constante sur Sa Personne représente la perfection de la conscience de Kṛṣṇa. On ne doit en aucun cas comparer les amours de Kṛṣṇa et des *gopīs,* lesquels se situent à un niveau spirituel et absolu, aux relations amoureuses de ce monde se fondant sur le désir sexuel. Il s'agit de l'amour transcendantal échangé entre l'âme pure et Dieu. D'ailleurs, le Seigneur Caitanya et les six Gosvāmīs de Vṛndāvana, qui menaient une vie de strict célibat et de grande ascèse, demeuraient constamment absorbés dans l'extase de l'amour des *gopīs* pour Kṛṣṇa.

23. Kaṁsa jouissait du triste privilège d'être à la fois l'être démoniaque le plus redouté de son temps et l'ennemi juré de Kṛṣṇa. Dans *Le Livre de Kṛṣṇa* – résumé du dixième Chant du *Śrīmad-Bhāgavatam* – Śrīla Prabhupāda relate comment Kaṁsa essaya maintes fois de tuer Kṛṣṇa. Or, c'est finalement Kṛṣṇa qui mit fin aux jours de Kaṁsa au cours d'un tournoi de lutte qui eut lieu dans les arènes de Mathurā.

24. Pūtanā était une terrible sorcière que Kaṁsa avait envoyée à Vṛndāvana pour tuer Kṛṣṇa. Elle enduisit son sein d'un poison mortel et l'offrit à téter à l'enfant Kṛṣṇa. Celui-ci, conscient de ses intentions, lui ôta la vie en aspirant son air vital.

Références

. . . . . .

Les chiffres se réfèrent aux numéros des entretiens.

Bhagavad-gītā : 1, 2, 3, 4, 5, 6, 7, 8, 9, 10, 11, 13, 14, 15, 16
Brahma-saṁhitā : 7, 16
Chāndogya Upaniṣad : 2
Īśopaniṣad : 3, 16
Kaṭha Upaniṣad : 1
Śrīmad-Bhāgavatam : 2, 3, 4, 16
Śvetāśvatara Upaniṣad : 5

Bref historique du Mouvement pour la Conscience de Kṛṣṇa

. . . .

« Le Mouvement pour la Conscience de Kṛṣṇa prend sa source dans l'ancienne tradition dévotionnelle hindoue appelée bhakti *et qui signifie la dévotion ou l'amour pour Dieu. Certaines personnes en Amérique ont appliqué au Mouvement Hare Kṛṣṇa l'étiquette de « secte » et remis en question son authenticité. C'est là un triste et déplorable témoignage de notre isolement culturel. Cette tradition religieuse exige une place respectable dans la vie spirituelle de l'homme. Elle ne doit en aucun cas être déshonorée ou dépréciée par l'appellation de « secte », et la dignité de son héritage et de son histoire unique ne doit pas non plus être diminuée par la confusion de ceux qui voudraient, sans discrimination aucune et d'un simple geste, l'identifier à l'une des trop nombreuses sectes aujourd'hui si populaires. »*

Docteur Diana Eck
Professeur d'histoire des religions
à l'Université de Harvard, USA

Le Mouvement pour la Conscience de Kṛṣṇa n'est pas une nouvelle religion. C'est un mouvement international qui a pour mission de répandre les préceptes d'une culture spirituelle plusieurs fois millénaire. Il prend sa source dans une des plus anciennes traditions, la tradition védique, qui provient des *Vedas,* les plus anciens écrits philosophiques et religieux qui soient connus de l'homme.

Cette tradition est à l'origine de la religion hindoue, regroupant un dixième de la population de la planète. Le Mouvement pour la Conscience de Kṛṣṇa est fondé sur la science du *bhakti-yoga* telle qu'elle est décrite et pratiquée dans la tradition védique. Pour comprendre cette tradition, il est intéressant de connaître certains faits historiques.

La venue du Seigneur Kṛṣṇa

Lorsque Kṛṣṇa vint en ce monde, il y a 5 000 ans, Il exposa l'essence de la connaissance spirituelle dans le grand classique védique qu'est la *Bhagavad-gītā.* Ce remarquable ouvrage spirituel a été vénéré par les penseurs de tous les temps. Voici quelques-unes de leurs appréciations :

« Je me souviens toujours du sain vertige qui me saisit la première fois que des fragments de cette poésie sanskrite tombèrent sous mes yeux. »

Lamartine

« Que d'autres viennent à leur tour puiser, à ce réservoir de sagesse pratique, les pensées inspiratrices de leurs actions, comme le font journellement des milliers d'hommes ; la plupart appartenant à la race la plus intensément religieuse du monde. »

Romain Roland

« La Bhagavad-gītā, ce sont des paroles divines… L'action est nécessaire, car il faut que les desseins divins s'accomplissent. Et l'action devient purifiée de la vie, si l'homme est en communion suffisante avec Dieu pour la Lui dédier comme un sacrifice. »

André Malraux

« Si la Bhagavad-gītā a marqué profondément l'esprit européen, c'est que, pour la première fois, elle fit connaître à l'Occident un mysticisme exigeant que l'amour, la dévotion à Dieu, soient manifestés dans les actes. »

Albert Schweitzer

« Par la Bhagavad-gītā, nous pouvons atteindre une idée claire de ce qu'est la plus pratiquée, mais aussi la plus haute de toutes les religions de l'Inde. »

G.W. Hegel

« Ce livre, la Bhagavad-gītā telle qu'elle est, *de A.C. Bhaktivedanta Swami Prabhupāda, magnifiquement présenté, est d'une valeur inestimable, car l'Occident connaît mal ce courant majeur de l'hindouisme… On ne peut donc que recommander vivement la lecture d'un ouvrage qui mérite de maintes façons d'être tenu pour considérable. »*

Jean Varenne
Professeur de sanskrit
Université d'Aix-en-Provence

« Pour beaucoup de lecteurs, ce sera le premier contact sérieux avec l'Inde plurimillénaire et toujours vivante. Les lecteurs de la langue française peuvent maintenant aborder

un texte essentiel de l'Inde, à la fois sous l'angle grammatical et dans sa perspective spirituelle fondamentale. »

François Chenique
Docteur ès Sciences Religieuses
Professeur à l'institut d'Études Politiques de Paris

« Il est précieux pour le public français de posséder ce livre regardé comme sacré par les sages de l'Inde, éclairé par l'exégèse de A.C. Bhaktivedanta Swami Prabhupāda, maître prestigieux, héritier d'une haute tradition. »

Lanza del Vasto

« Combien de fois n'avons-nous pas déploré l'absence d'une traduction française accessible de ce merveilleux livre qu'est le Bhāgavata-Purāṇa ; c'est pourquoi la présente publication nous comble. Tous ceux qui savent combien le culte du Seigneur Kṛṣṇa est au cœur de l'hindouisme vivant et combien la théologie dévotionnelle qui la sous-tend est belle et attachante se réjouiront de pouvoir pénétrer dans cette cathédrale de récits et d'enseignements spirituels, où les fidèles de Kṛṣṇa entendent, depuis des siècles, le chant de l'amour divin. Que, pour cette découverte, nous soyons conduits comme par la main par le Swami Prabhupāda, héritier autorisé de la grande lignée Caitanyenne, ajoute à notre plaisir, nous donnant l'assurance que c'est dans la vibration même de l'expérience 'krishnaïte' que nous aborderons la lecture méditative du Bhāgavata-Purāṇa. »

Pierre-Réginald Cren
Père Dominicain
Professeur de religions orientales, Lyon

Śrīla Prabhupāda, le fondateur du Mouvement Hare Kṛṣṇa

Au fil des siècles, le message spirituel des *Vedas,* soigneusement préservé par une lignée ininterrompue de maîtres spirituels, résista aux assauts de l'Islam, traversa sans dommage l'ère de domination mongole et sortit intact d'une longue période de colonisation occidentale.

Śrīla Prabhupāda, le fondateur du Mouvement Hare Kṛṣṇa, est précisément l'héritier de cette succession disciplique qui remonte à Kṛṣṇa, et ses disciples ont la responsabilité de répandre à leur tour les enseignements de la *Bhagavad-gītā.* Aujourd'hui, ce livre est considéré comme sacré par plus de 600 millions d'hommes dans une Inde constellée de temples de Kṛṣṇa.

Śrīla Prabhupāda a écrit plusieurs livres, chacun contenant des traductions, des commentaires et des études approfondies des grands classiques religieux et philosophiques de l'Inde. Hautement respectés par des autorités littéraires pour leur profondeur et leur clarté, ces ouvrages servent également de livres de référence dans de nombreuses écoles et universités à travers le monde.

…« Je ne considère pas Swami Prabhupāda comme un simple swami 'dans le vent'. Il n'y a rien dans les doctrines de Prabhupāda qui soit issu de la mode. Ses efforts n'ont pas visé à offrir une forme simplifiée facile de l'hindouisme, attirante pour les éventuels clients occidentaux, mais plutôt à rester fidèle au modèle traditionnel. Ses disciples ne sont pas des vagues partisans d'une secte, disposant d'un peu de temps libre, mais bien au contraire des hommes et des

femmes qui ont adopté un mode de vie entièrement nouveau et différent pour eux, un nouvel ensemble de valeurs et un nouveau regard sur les choses en accord avec les normes de la Caitanya-bhakti. Et voilà ce qui, à mon sens, forme le caractère le plus frappant du Mouvement Hare Kṛṣṇa. Pour la première fois, en effet, depuis l'époque de l'Empire romain, une nouvelle religion asiatique – c'est-à-dire une religion asiatique nouvelle pour l'occident – se voit pratiquée ouvertement dans les rues des grandes villes du monde occidental par les hommes de race occidentale aux antécédents judéo-chrétiens. Ce Mouvement, parti d'à peu près rien il y a environ 15 ans, est maintenant devenu connu partout en Occident, du moins dans les grandes villes. » (Extrait d'une conférence intitulée : *« Les courants modernes de l'hindouisme »*, présentée à l'Université de Californie à Los Angeles, le 15 janvier 1981, par le Professeur A.L. Basham, une des autorités les plus réputées au monde en matière d'histoire de religion indienne.)

Une tradition toujours vivante

L'adoration offerte au Seigneur Kṛṣṇa est au cœur d'une des plus grandes et des plus anciennes religions de l'humanité : l'hindouisme. Encore aujourd'hui, les exploits et les enseignements de Kṛṣṇa se retrouvent dans tous les aspects de la culture musicale, artistique et théâtrale de l'Inde. Le touriste occidental qui visite l'Inde reste toujours étonné de voir comment la dévotion offerte à Kṛṣṇa est omniprésente en Inde.

Chaque jour, en Inde, des millions de personnes se rendent dans les nombreux temples de Kṛṣṇa pour y adorer le Seigneur. Parallèlement, en Occident, les dévots de Kṛṣṇa accomplissent et enseignent ces mêmes pratiques spirituelles dans leurs temples à Paris, à New York ou à Hong Kong.

La venue du Seigneur Caitanya

Pour bien comprendre les activités du Mouvement Hare Kṛṣṇa, il convient de retourner cinq cent ans en arrière.

Alors qu'en Occident, l'homme porte un regard inquisiteur sur l'univers physique et se lance à la recherche de nouveaux océans et continents, en Orient, Śrī Caitanya, « l'*avatar* doré », S'impose comme la figure de proue d'un très vaste mouvement qui devait bientôt marquer le cours de la pensée spirituelle et philosophique de l'Inde. Il inspire le Bengale, puis l'Inde entière, à s'adonner au chant public et collectif des noms de Dieu – Hare Kṛṣṇa, Hare Kṛṣṇa, Kṛṣṇa Kṛṣṇa, Hare Hare / Hare Rāma, Hare Rāma, Rāma Rāma, Hare Hare. Śrī Caitanya entraîne à Sa suite des foules considérables qui chantent et dansent avec Lui au son des *karatālas* (petites cymbales) et des *mṛdaṅgas* (tambours d'argile). Il transforme le profil de l'Inde de quatre façons : 1) sur le plan politique, Il met sur pied un mouvement de désobéissance civile qui envahit le Bengale, et ce, 450 ans avant Gandhi ; 2) sur le plan social, Il S'oppose violemment au sectarisme religieux des castes ; 3) sur le plan philosophique, Il sait affronter les plus célèbres logiciens et penseurs de Son temps, vaincre leurs arguments et changer leur cœur, et 4) sur le plan de la spiritualité, Il est à l'origine du mouvement spirituel le plus important et le plus largement répandu dans toute l'histoire de l'Inde.

C'est cette renaissance spirituelle, amorcée par Śrī Caitanya, que propage à travers le monde le Mouvement pour la conscience de Kṛṣṇa. Lorsque les dévots de Kṛṣṇa chantent les saints noms du Seigneur, distribuent de la nourriture végétarienne et des livres sur la pensée védique, ils ne font que suivre l'exemple donné par Śrī Caitanya.

La venue de Śrīla Prabhupāda

En 1965, Śrī Śrīmad A.C. Bhaktivedanta Swami Prabhupāda, âgé de 69 ans, traversait l'Atlantique avec 40 roupies en poche et une malle pleine de livres qu'il venait de traduire ; son maître spirituel lui avait donné l'instruction de répandre cette connaissance en Occident. Śrīla Prabhupāda n'a pas inventé une nouvelle religion mais a bien suivi les principes de la *Bhagavad-gītā* selon lesquels la connaissance spirituelle doit être transmise par la succession disciplique de maître à disciple :

« Savoir Suprême, transmis de maître à disciple, voilà comment les saints rois l'ont reçu et réalisé. » (*Bhagavad-gītā*, 4.2)

Le Mouvement pour la Conscience de Kṛṣṇa aujourd'hui

Maintenant que Śrīla Prabhupāda, le fondateur du Mouvement, a quitté ce monde, ses disciples continuent de répandre les enseignements de la tradition védique selon les principes de la succession disciplique.

Il y 50 ans, en Occident, personne n'avait entendu parler de Kṛṣṇa, mais grâce à l'effort de Śrīla Prabhupāda, le nom de Kṛṣṇa est maintenant chanté dans chaque grande ville du monde.

Le Mouvement pour la Conscience de Kṛṣṇa compte des millions de sympathisants à travers le monde, et connaît un taux de croissance annuel. Il continue de rendre service à la société en démontrant comment on peut vivre une vie simple et vouée à de hautes pensées par la pratique des enseignements de cette tradition spirituelle.

Le souci du Mouvement Hare Kṛṣṇa est d'offrir aux hommes et aux femmes du monde entier des solutions pratiques aux problèmes spirituels et matériels contemporains.

Pour atteindre ces buts, le Mouvement pour la Conscience de Kṛṣṇa distribue de la nourriture gratuitement, établit des temples et des communautés rurales et enseigne la sagesse spirituelle contenue dans les Védas.

Depuis les débuts de ce Mouvement, plus de 20 millions de repas végétariens ont été distribués au grand public, dans les milieux défavorisés et pour venir en aide aux sinistrés. Plus de 350 centres urbains ainsi qu'une cinquantaine de communautés rurales ont été établis dans 71 pays afin de donner à tous l'opportunité de connaître un mode de vie basé sur les principes de la spiritualité. 70 restaurants offrent une alimentation végétarienne saine, économique et écologique à plus de 10 000 personnes chaque jour.

Les projets essentiels du Mouvement pour la Conscience de Kṛṣṇa sont les suivants :

– Établir des temples et des centres de prédication.

– Ouvrir des collèges pour l'éducation des prêtres (brāhmaṇas), des enseignants et des missionnaires.

– Établir des communautés rurales auto-suffisantes.

– Établir des restaurants végétariens et donner des cours de cuisine végétarienne.

– Dispenser une éducation académique et spirituelle.

– Enseigner la pratique du *bhakti-yoga*.

– Promouvoir les arts et les sciences védiques tels que la danse, la peinture, le théâtre et la médecine ayur-védique.

– Maintenir et développer une maison de publication de livres sur l'hindouisme et la culture védique (des douzaines de titres déjà publiés et des traductions dans plus de 60 langues).

Le Mouvement pour la Conscience de Kṛṣṇa a huit principes de base, et nous invitons nos lecteurs à les examiner en toute objectivité:

1) En approfondissant avec sincérité une science spirituelle authentique, on peut s'affranchir de l'angoisse et atteindre, en cette vie-même, un niveau de conscience pur, éternel et tout de félicité.

2) L'homme n'est pas l'enveloppe charnelle qui le recouvre, mais est en fait une âme spirituelle, partie intégrante de Dieu (Kṛṣṇa), dont elle constitue un fragment. Ainsi sommes-nous tous frères, et Kṛṣṇa est notre père commun.

3) Kṛṣṇa est l'éternel, omniscient, omniprésent, tout-puissant et infiniment fascinant Seigneur Suprême, Dieu. De tous les êtres, Il est le père, Celui qui donne la semence; c'est Lui encore qui, par Sa puissance, soutient la création cosmique tout entière.

4) La Vérité Absolue Se trouve dans tous les grands Textes sacrés du monde. Néanmoins, les plus anciennes de toutes les Écritures révélées sont les Écritures Védiques, parmi lesquelles la *Bhagavad-gītā,* où sont recueillies telles quelles les paroles mêmes de Dieu.

5) Le savoir védique doit être reçu d'un maître spirituel authentique: une personne qui ne poursuit aucun intérêt personnel, et dont le mental est pleinement absorbé en Kṛṣṇa.

6) Avant de manger toute nourriture, nous devons l'offrir au Seigneur Kṛṣṇa.

7) Nous devons faire de chacun de nos actes une offrande à Kṛṣṇa, et ne rien entreprendre qui vise à satisfaire nos propres sens.

8) La méthode recommandée en cette ère de discorde, l'âge de Kali, pour atteindre la plénitude de l'amour de Dieu, est le chant des saints noms du Seigneur: Hare Kṛṣṇa, Hare Kṛṣṇa, Kṛṣṇa Kṛṣṇa, Hare Hare / Hare Rāma, Hare Rāma, Rāma Rāma, Hare Hare.

Dans tous nos centres, nous mettons en pratique ces huit principes, et nous vous invitons à faire de même en nous rendant visite.

Biographie de Śrī Śrīmad A.C. Bhaktivedanta Swami Prabhupāda

Śrī Śrīmad A. C. Bhaktivedanta Swami Prabhupāda naquit en Inde à Calcutta, en 1896. C'est là aussi qu'il rencontra pour la première fois son maître spirituel, Śrīla Bhaktisiddhānta Sarasvatī Gosvāmī, en 1922. Bhaktisiddhānta Sarasvatī, l'un des plus grands érudits en matière védique et le fondateur de soixante-quatre Gauḍīya Maṭhas (instituts védiques), apprécia beaucoup ce jeune homme instruit et le convainquit de dédier sa vie à l'enseignement du savoir védique. Śrīla Prabhupāda devint son élève et en 1933, il fut officiellement initié.

Dès leur première rencontre, Śrīla Bhaktisiddhanta Sarasvati demanda à Śrīla Prabhupāda de diffuser cette connaissance en langue anglaise. Dans les années qui suivirent, Prabhupāda écrivit un commentaire sur la *Bhagavad-gītā,* assista la Gauḍīya Maṭha dans ses activités et en 1944, il commença la publication d'un magazine bimensuel en anglais, le *Back to Godhead.* À lui seul, Śrīla Prabhupāda en assumait la rédaction, la mise en page, la vérification des épreuves et la distribution. Aujourd'hui, ses disciples poursuivent encore la publication du magazine.

En 1950, Śrīla Prabhupāda se retira de la vie de famille pour adopter l'ordre du *vānaprastha* (retraite) et consacrer plus de temps à ses études et à l'écriture. Il s'installa dans la ville sainte de Vṛndāvana, au temple de Rādhā-Dāmodara, où il vécut dans des conditions très humbles. Là, il s'engagea pendant plusieurs années dans une étude approfondie des Écritures et à la rédaction de plusieurs livres. Il accepta l'ordre du renoncement *(sannyāsa)* en 1959. Au Rādhā-Dāmodara, Śrīla Prabhupāda commença à travailler sur le chef-d'œuvre de sa vie : une traduction commentée des dix-huit mille versets du *Śrīmad Bhāgavatam* (Bhāgavata Purāṇa) en plusieurs volumes. Il écrivit aussi *Easy Journey to Other Planets.*

Après avoir publié trois volumes du *Bhāgavatam,* Śrīla Prabhupāda partit pour les États-Unis en septembre 1965, afin de remplir la mission de son maître spirituel. Par la suite, il écrivit plus de cinquante volumes de traductions commentées faisant autorité et plusieurs abrégés de divers classiques philosophiques et religieux de l'Inde.

Lorsqu'il arriva à New York à bord d'un cargo, Śrīla Prabhupāda n'avait pour toute fortune que 40 roupies. Mais, les difficultés des premiers mois passées, il établit l'ISKCON (l'International Society for Krishna Consciousness), en juillet 1966. Avant de quitter ce monde, le 14 novembre 1977, il guida l'Association et la vit grandir jusqu'à devenir une confédération mondiale de plus d'une centaine d'asrams, d'écoles, de temples, d'instituts et de communautés rurales.

En 1972, Śrīla Prabhupāda introduisit le système védique d'éducation primaire et secondaire en Occident, en fondant un *gurukula* (école) à Dallas au Texas. Depuis lors, ses disciples ont établi des écoles similaires à travers les États-Unis et dans le reste du monde.

Śrīla Prabhupāda inspira aussi la construction de grands centres culturels internationaux en Inde. Dans le Bengale de l'Ouest, à Śrīdhāma Māyāpura, les dévots ont entrepris la construction d'une ville spirituelle avec en son centre un magnifique temple – un projet ambitieux qui s'étendra sur de nombreuses années. À Vṛndāvana on trouve le temple de Krishna-Balarama avec ses chambres d'hôtes, un *gurukula,* le mausolée de Śrīla Prabhupāda et un musée. Il existe aussi des temples grandioses et des centres culturels à Mumbai, New Delhi, Ahmedabad, Siliguri et Ujjain, et d'autres centres sont encore en projet dans de nombreux lieux importants du sous-continent indien.

Cependant, les livres de Śrīla Prabhupāda restent sa contribution la plus significative. Hautement respectés par les érudits pour leur authenticité, leur profondeur et leur clarté, ils sont utilisés comme ouvrages de référence dans de nombreuses universités et ont été traduits dans plus d'une cinquantaine de langues. Le Bhaktivedanta Book Trust, fondé en 1972 pour publier les œuvres de Śrīla Prabhupāda, est aujourd'hui la plus grande maison d'édition mondiale dans le domaine de la religion et philosophie indienne.

En douze ans à peine et malgré son âge avancé, Śrīla Prabhupāda fit quatorze fois le tour du monde et donna des conférences sur les six continents. En dépit d'un calendrier aussi intense, il continua à écrire en abondance. Ses écrits constituent une véritable bibliothèque sur la philosophie, la religion, la littérature et la culture védique.

Livres du même auteur

La Bhagavad-gītā telle qu'elle est
Le Śrīmad-Bhāgavatam
Le Śrī Caitanya-caritāmṛta
Le Livre de Kṛṣṇa
L'Enseignement de Śrī Caitanya
Le Nectar de la dévotion
La Śrī Īśopaniṣad
L'Upadeśāmṛta
La Perfection du yoga
La Vie vient de la vie
Par-delà la naissance et la mort

Autres livres

Prabhupada : La Vie et l'œuvre du fondateur
Gloire et mystère de l'Inde
Le Goût supérieur

De nombreux autres titres sont aussi disponibles en langue anglaise et plusieurs de ces ouvrages existent en 85 langues différentes.

www.blservices.com
www.krishna.com

Table des matières

Centres de bhakti-yoga dans les pays francophones

FRANCE

Paris : 230 Avenue de la Division Leclerc, 95200 Sarcelles ; Tel. +33 (0)1 34 45 89 12 ; paris@pamho.net ; www.krishnaparis.com

Luçay-le-Mâle : La Nouvelle Mayapura, Domaine d'Oublaisse, 36360 Luçay-le-Mâle ; Tel. +33 (0)2 54 40 23 95 ; www.newmayapur.fr

BELGIQUE

Durbuy : ISKCON Radhadesh, Petite Somme 5, 6940 Septon (Durbuy) ; Tel. +32 (0)86 32 29 26 ; info@radhadesh.com ; www.radhadesh.com

SUISSE

Zürich : Krishna-Gemeinschaft Schweiz, Bergstrasse 54, 8032 Zürich ; Tel. +41 (0)44 262 33 88 ; kgs@pamho.net; www.krishna.ch

Langenthal : Gaura Bhaktiyoga Center, Dorfgasse 43, 4900 Langenthal ; Tel. +41 (0)62 922 05 48 ; gaura.bhaktiyoga.center@gmx.ch ; www.gaura-bhakti.ch

CANADA

Montréal : 1626 boul. Pie IX, Montréal, Québec H1V 2C5 ; Tel. +1-514-521-1301 ; iskconmontreal@gmail.com ; www.iskconmontreal.ca

Ottawa : 212 Somerset St. E., Ottawa, Ontario K1N 6V4 ; Tel. +1-613-565-6544 ; www.ottawa.iskcon.ca

LA RÉUNION

La Montagne : Association Sankirtan, 54 Allée Des Mufliers, Lotissement Les Filaos, 97417 La Montagne ; Tel. +(0) 692 70 74 38, +(0) 262 30 98 03 ; dolene.huitelec@gmail.com

ÎLE MAURICE

Bon Accueil : ISKCON Vedic Farm, Hare Krishna Road, Vrindavan, Bon Accueil ; Tel. +230-418-3955 ; Fax : +230-418-3185 ; sriniketandas@yahoo.com ; www.iskconmauritius.org

CÔTE D'IVOIRE

Abidjan : Temple Hare Krishna, Cocody-Angre, Villa 238, Cité Blanche, Abidjan (P.O. Box : 09 BP 715 ABJ 09) ; Tel. +225 05 64 83 29 ; carudesnabts108@gmail.com

RD CONGO

Kinshasa : Commune de Mont Ngafula Mbudi Safrica, avenue du Fleuve N°1, Kinshasa ; Tel. +243-997132360 ; srikrishnardcongo@yahoo.fr

GHANA

Accra : Samsam Rd., Off Accra-Nsawam Hwy., Medie, Accra North (mail: P.O. Box 11686) ; Tel. & fax +233302981099/ +233262143963/ +233261654232 ; srivas_bts@yahoo.co.in, jnanacaksusdas2005@yahoo.com

TOGO

Lomé : Sis Face Place Bonke, Cote Blue Night, Tokoin Hospital 01, BP 3105 ; Tel. + 228 98027288, 9028793 ; satcidanandadasbts@gmail.com

Pour une liste des centres à travers le monde, voir directory.krishna.com